최고들의
7가지
자기관리법

최고들의 7가지 자기관리법

펴 냄	2008년 11월 5일 1판 1쇄 박음 / 2020년 2월 28일 1판 4쇄 펴냄
지은이	홍성욱
펴낸이	김철종
펴낸곳	(주)한언
	등록번호 제1-128호 / 등록일자 1983. 9. 30
주 소	110-310 서울시 종로구 삼일대로 453(경운동) 2층
	TEL. 02-701-6911 / FAX. 02-701-4449
책임편집	오상희
디자인	임동광
홈페이지	www.haneon.com
이메일	haneon@haneon.com

이 책의 무단전재 및 복제를 금합니다.
잘못 만들어진 책은 구입하신 서점에서 바꾸어 드립니다.

ISBN 978-89-5596-499-8   13320

최고들의
7가지
자기관리법

홍성욱 지음

이 책을 읽는 순간 최고를 향한
당신의 도전이 시작됩니다.

TO. _____

_____

_____

_____

From. _____

머리말

나의 사명, 피터 드러커

1980년 앨빈 토플러의 《제3의 물결》이 출간됐을 때 제3의 물결로 설명된 고도의 지식을 기반으로 하는 정보화 사회는 사람들에게 먼 미래의 이야기처럼 들렸을 것입니다. 하지만 어느새 지식사회는 우리가 살고 있는 실제적 세계가 되었습니다.

지식사회란 땅보다, 공장보다, 지식이 중요한 자원인 시대를 말합니다. 지식 자원의 효용은 그 한계가 없기 때문에 끝없이 새로운 가치를 만들어 내고 있습니다. 그 결과로 경제적 풍요가 넘치는 세상이 되었습니다. 그러나 그만큼 무거운 책임을 져야 하기 때문에 어느 시대보다 고달픈 삶을 살고 있습니다. 끝없이 바쁜 세상. 감당할 수 없이 늘어가는 경제 규모, 이기적인 인간관계 등이 삶을 지치게 만듭니다. 하지만 그것은 피할 수 없는 현실입니다. 그러니 현실 세계를 명확하게 인식하고,

가장 현명하게 사는 방법을 찾는 것이 필요합니다.

2003년 여름, 저는 피터 드러커의 저서인 《프로페셔널의 조건》을 접하는 순간 "바로 이거야"를 외치면서 빨려 들어가듯 책을 읽었던 기억이 아직도 생생합니다. 책을 읽으면서 그동안 살며, 일하며 가지고 있었던 문제들을 한꺼번에 풀 수 있을 것 같은 생각에 가슴이 뛰었습니다. 이후 피터 드러커가 제시한 자기관리 원칙을 보다 많은 사람들에게 전달하는 것을 하나의 사명으로 정하게 되었습니다. 비록 책을 통한 만남이었지만 피터 드러커와의 만남은 제 인생의 새로운 전환점이 되었습니다.

"경영학은 인간의 풍요로운 삶을 목적으로 하는 학문이다."라고 말한 피터 드러커는 평범한 사람도 자기관리를 하지 않으면 평균적인 삶을 살기조차 어려운 시대임을 강조하며, 21세기 지식사회 지식근로자로서 효과적으로 일하고 성공적인 삶을 살기 위한 원칙을 제시했습니다. 그 원칙의 핵심은 목표달성능력(effectiveness)입니다. 목표달성능력이란 높은 성과를 올리기 위한 업무적 습관입니다. 성과를 올리기 위해서는 전문 지식뿐만 아니라 실행 능력이 필요합니다. 피터 드러커는 "목표달성능력은 반드시 배워서 습관화해야 한다."고 말했습니다. 저는 피터 드러커의 목표달성능력을 적용할 수 있는 방법을 개발, 적용하기 위해 노력해왔고, 그 과정은 나 자신을 성장시키고 성과를 만드는데 큰 힘이 되었습니다.

이제는 좀 더 많은 사람들에게 피터 드러커의 자기관리 원칙을 전달해야겠다는 마음으로 강의 내용과 실천 경험을 바탕으로 책을 쓰게 되었습니다. 물론 피터 드러커의 저서는 손쉽게 구할 수 있지만 피터 드러커는 어렵다는 고정관념과 이제는 구식이라는 편견으로 많은 사람들이 괜한 거리감을 두고 있기도 합니다. 이 책을 통해 시대를 앞서간 거장이 남기고 간 이야기의 핵심을 확인하시고, 오늘의 문제를 해결하는 지혜를 얻기를 간절한 마음으로 바랍니다.

지금 이대로의 모습으로 이끌어 주신 하나님께 감사드리고, 지칠 때마다 용기를 주고 격려해준 아내와, 피터 드러커에 너무나도 익숙해진 딸 수민이와 아들 윤기에게도 고맙다고 전하고 싶습니다. 좋은 책을 만들기 위해 노력해 주신 한언 분들에게도 깊이 감사드립니다. 끝으로 나의 인생 항로를 바꾸어 주고, 지식사회를 사는 사람들에게 등대 같은 역할을 해주신 피터 드러커 박사님에게 감사한 마음으로 감히 이 책을 바칩니다.

2008년 11월 11일
자유롭게 일하는 아빠 **홍성욱**

contents

- 머리말
- 들어가며

01 우리는 지식 근로자다 / 15

지식의 역사를 알자 | 누가 21세기 지식인인가? | 목표는 효과적인 지식근로자다 | 이제는 지식근로자의 생산성 향상이다 | 지식사회가 요구하는 패러다임을 갖자 | 혁신하지 않으면 안된다 | 21세기는 셀프리더십 시대다 | 혁신하지 않으면 안된다 | 세계는 평평하다 | 지식사회는 전문가를 원한다

02 효과적 지식근로자의 7가지 원칙 / 53

《프로페셔널의 조건》을 만나다 | 몸값을 올리자 | 업무성과는 목표달성능력에 달려있다 | 성과를 올리는 사람에게는 뭔가 있다

03 최고들의 자기관리법1 : 공헌과 피드백 / 71

당신은 지금 무슨 일을 하고 있습니까? | 공헌 문장을 만들자 | 공헌에 초점을 맞추어라 | 성과란 무엇인가 | 성장하는 사람은 발전적 반성을 한다 | 성과 피드백 체크리스트를 만들자 | 지식근로자는 스스로를 책임져야 한다

04 최고들의 자기관리법2 : 시간관리 / 101

시간관리는 선택이 아니다 | 너 자신의 시간을 알라 | 낭비시간을 과감하게 제거하라 | 중요한 일을 위한 시간을 모아라 | 중요한 일에 집중하라 | 한 번에 한가지 일만 하라

05 최고들의 자기관리법3 : 업무환경 / 127

업무환경을 점검하자 | 깨끗한 책상은 깨끗한 마음이다 | 버려야 산다 | 정보관리는 기본이다 | 나만의 정보관리 시스템을 만들자

06 최고들의 자기관리법4 : 업무원칙 / 149

효과적인 지식근로자에겐 원칙이 있다 | 의사결정은 목표를 위한 과정이다 | '의사결정을 했느냐'의 문제가 아니다 | 왜 커뮤니케이션이 어려울까 | 성공적 혁신은 노력의 결과다

07 최고들의 자기관리법5 : 인간관계 / 171

인간관계에 대해 고민하지 말라 | 생산적 인간관계를 만들자 | 리더의 과제는 에너지 창출이다

08 최고들의 자기관리법6 : 강점활용 / 187

성과는 강점에서 나온다 | 강점에 집중하라 | 나는 어떻게 성과를 올리는가 | 당신의 가치관은 무엇인가

09 최고들의 자기관리법7 : 자기실현 / 205

우리는 언제까지 일해야 할까 | 인생의 후반부 전략을 세워라 | 어떤 사람으로 기억되길 바라는가

- 맺음말

들어가며

일짱이 된다는 것은

대충 일하며 아무도 눈치 채지 않기를 바라는 사람,
신이 보고 있다는 마음으로 최고의 목표에 도전하는 사람.
당신은 어느 쪽이십니까?

BC 440년경 그리스 아테네에 있는 파르테논 신전의 조각 작품을 완성한 당대 최고 조각가 페이다스(Pheidas)는 아테네 재무관에게 작품 비용을 청구했다. 담당 재무관은 페이다스에게 "당신이 청구한 작품료의 전부를 지급할 수 없네. 아무도 볼 수 없는 조각의 뒷면 작업 비용은 빼겠어"라고 말했다. 이에 대해 페이다스는 이렇게 대꾸했다. "아무도 볼 수 없다고? 당신은 틀렸어. 신이 볼 수 있지."

조직 안에 일하는 사람 들 중에는 대충 일하면서 아무도 눈치 채지 않기를 바라는 사람들이 있다. 그들의 업무에 임하는 사고방식은 '잘리지 않을 만큼 일한다.' 이다. 또한 그들은 매우 영리하기 때문에 어느 수준이 그 경계인지를 잘 알고 있으며,

절묘하게 그 경계를 유지한다. 그들은 개인적으로 관심 있는 인터넷 사이트에 접속하다가 순식간에 업무 화면으로 전환시키는 기술 등으로 무장되어 있기 때문에 그들의 태도는 쉽게 드러나지 않는다. 하지만 오래지 않아 그들의 숨겨진 태도는 드러나기 마련이다. 이를 눈치 챈 조직은 그들에 대해 '나가지 않을 만큼 준다'는 입장을 분명히 할 것이다. 이런 관계는 일단 균형을 유지하는 듯 보이지만, 쓰러질 듯 휘청거리며 달리는 자전거처럼 불안한 모습이다. 결국 쓰러지면 사람도 다치고, 자전거도 못쓰게 되듯이 개인과 조직 모두에게 불행한 결과로 이어진다.

반면에 조직에서 일하는 사람들 중에는 '신이 보고 있다.'는 마음으로 최고의 성과에 도전하는 사람들이 분명히 있다. 그들은 자기 역량보다 높은 수준의 목표를 설정하고 도전한다. 물론 결과는 목표 수준에 못 미칠 수 있지만, 그들은 조직에 공헌하기 위한 노력을 지속한다. 이러한 노력 역시 시간이 지나면, 저절로 드러나기 마련이다. 조금 늦더라도 조직은 그들에게 반드시 그에 대한 평가와 보상을 한다. 평가와 보상보다 중요한 것은 그들에게 높은 자존감과 능력이 생긴다는 것이다. 그들은 결코 거기에 머무르지 않는다. 높아진 능력과 자신감을 바탕으로 더 높은 수준의 목표에 도전하고, 더 높은 평가와 보상을 만들어간다. 이렇게 성장의 원의 크기를 점점 더 크게 만들면서 가속이 붙은 자전거처럼 속도를 낸다.

현대 조직에서 일하고 있는 사람들은 자신의 가치를 올리고, 스스로 성공적인 삶을 만들기 위해 자기계발 노력을 열심히 하고 있다. 출근 전이나 퇴근 후에 학교나 학원을 다니는 사람도 있고, 어학 공부를 열심히 하는 사람도 있다. 어떤 모습이든 자기의 가치를 올리고 인생의 꿈을 이루기 위해 노력하는 모습은 감동적이다. 하지만 그러한 노력이 효과적이었는지는 점검해 볼 필요가 있다. 조직 생활과는 별도로 자기계발 노력을 하고 있는 사람들 중에는 조직에서도 능력을 인정받지 못하고, 자기계발에서도 큰 발전을 이루지 못하고 있는 경우가 많다. 오히려 자신이 책임지고 있는 일에서 최고 수준의 목표를 세우고, 조직과 고객에게 공헌하는 높은 성과를 올리기 위해 노력하는 사람이, 조직과 사회에서 인정도 받고 성공적인 삶을 완성해가고 있는 것을 볼 수 있다.

'얼짱', '몸짱'이 한창 유행이 되던 때에, 일을 잘하는 사람을 '일짱'이라 일컬어야겠다고 생각하고, 개발 중에 있었던 교육 프로그램의 내용에 '일짱'이라는 표현을 썼다. 하지만 사람들은 '얼짱'과 '몸짱'에는 열광했지만 '일짱'에는 냉담했다. 그러나 다르게 생각해 볼 필요가 있다. '얼짱', '몸짱'이 되는 것은 어려운 일이지만, 노력 끝에 되었다 한들 주변 사람의 칭찬을 받는 정도 외에는 크게 달라질 것은 없다.

실제적으로 자신의 삶을 변화시킬 수 있는 방법은 '일짱'이 되는 것이다. 한 분야의 전문가이며, 어떤 일에서도 성과를 올릴 수 있는 높은 수준의 목표달성능력을 가지고 있다면, 성공에 이르는 가능성과 영향력 또한 그만큼 가지고 있는 것이다.

Check Point | 일을 하는 마음가짐

• 당신은 어떤 생각으로 일하고 있습니까?
- [ ] 잘리지 않을 만큼 대충 일한다.
- [ ] 정해진 시간 일하고, 맡은 일에 대한 책임을 다한다.
- [ ] 신이 보고 있다는 마음으로 완벽에 도전한다.

• 당신은 지금 하고 있는 일을 통해 성장하고 있습니까? 만일 아니라면, 그 이유는 무엇일까요?

> 살아가는 동안 완벽은 언제나 나를 피해갈 것이다. 그렇지만 나는 또한 언제나 완벽을 추구하리라고 다짐했다.
>
> — 피터 드러커 *Peter F. Drucker*

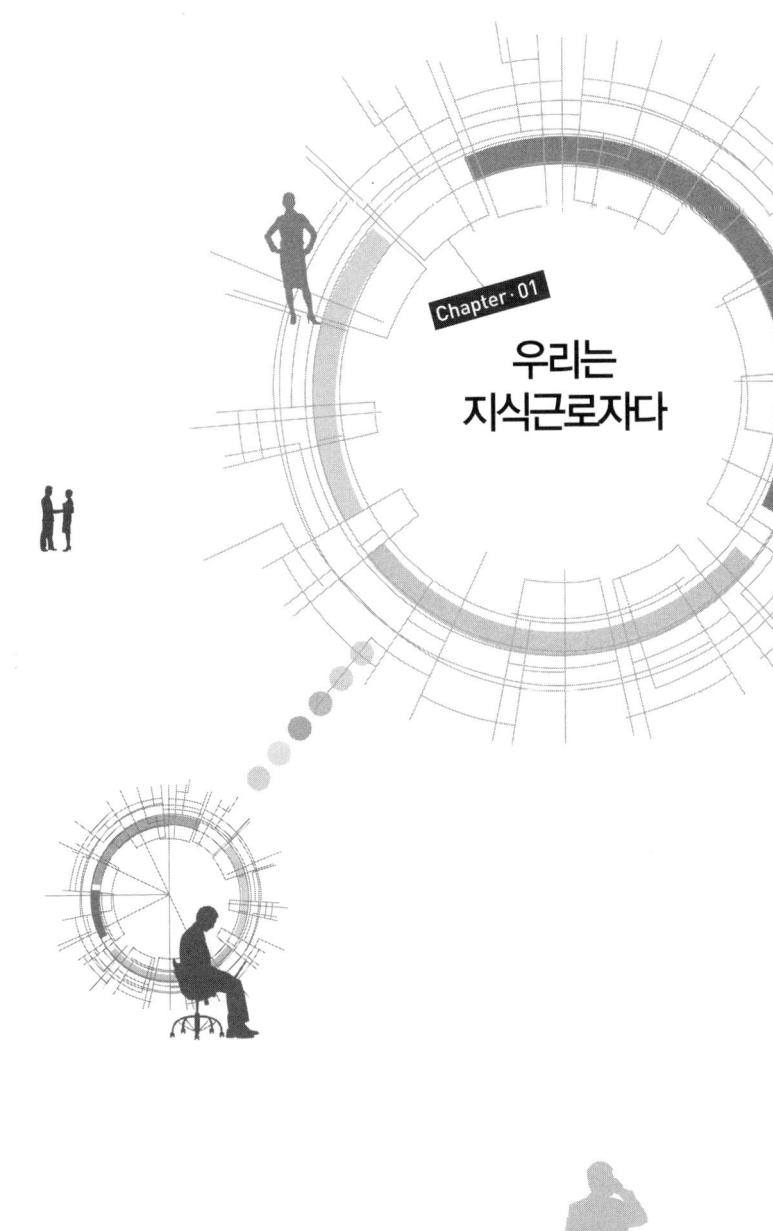

Chapter · 01

우리는 지식근로자다

지식의 역사를 알자

농경사회와 산업사회를 지나 지식사회가 되었습니다.
당신은 지식사회가 어떤 세상인지 설명할 수 있습니까?

　농업 중심의 농경사회에서 공업 중심의 산업사회로 그리고 지식산업 중심의 지식사회로 이동하는 사회 변화의 흐름은 아마 알고 있을 것이다. 이러한 사회 흐름은 그 사회의 총 부가가치를 만드는 산업의 비중으로 설명된다. 그리고 우리가 살고 있는 21세기의 경제는 지식산업을 빼고 이야기할 수 없다. 그럼에도 불구하고 지식사회가 어떤 사회이고, 지식사회의 가장 중요한 자원인 지식이 무엇인지를 정확히 설명할 수 있는 사람은 많지 않다. 피터 드러커는 자신의 저서 《프로페셔널의 조건》에서 지식 적용의 역사를 통해 세상 변화의 흐름을 설명하는 통찰력을 보여 준다.

　고대 사회에서 지식이란 '너 자신을 알라'는 소크라테스

(Socrates, 그리스의 철학자)의 말대로 지적, 도덕적, 정신적 성장에 관련된 것, 즉 세상의 이치를 깨닫는 데 도움이 되는 정보를 말했다. 한편으로는 프로타고라스(Protagoras, 그리스의 수학자)의 말처럼 무엇을 어떻게 말해야 하는지를 알게 하는 것에 필요한 정보를 의미했다. 이것은 도교와 유교로 대표되는 고대 동양에서도 마찬가지였다. 지식의 역사는 인간의 내면에 적용하는 단계에서 출발했다. 고대사회에서의 지식은 무엇을 할 수 있는 것을 의미하지 않았다. 당시에 항해를 하는 방법, 도자기를 만드는 방법 등 무엇을 할 수 있는 것은 기능이었다.

이후 오랜 시간을 거치면서 고대 지식인들이 경시했던 기능에 지식이 적용되기 시작했다. 도제 제도에 의해서만 습득할 수 있었던 장인들만의 비밀스러운 기능이 공개적으로 정리되었고, 기능(techne)과 지식(logy)의 결합으로 기술(technology)이 탄생했다. 18세기 중반 이후 기술은 혁신적으로 발전하기 시작했고, 그 흐름은 산업혁명으로 이어졌다. 도구와 제조 공정 그리고 제품에 적용된 지식은 대량 생산 시설인 공장과 대규모 자본가를 등장시켰고, 자본가 중심적인 사회로 전환되면서 자본가와 노동자 간 갈등이 생기게 되었다. 이러한 문제는 칼 마르크스에 의한 사회주의 이념을 등장하게 만든다.

한편 자본가와 노동자 간의 심각한 갈등과 이로 인한 사회적 문제를 해결하고자 한 또 한 사람은 시간 연구, 동작 연구로 잘 알려진 미국의 프레드릭 테일러이다. 그는 1881년 지식을 인간의 노동과 작업에 적용하는 연구 결과로써 작업을 과학화 하였다. 그의 노력은 자본가와 노동자 모두에게 저항을 받았지만 누구도 막을 수 없는 큰 흐름을 만들어냈다. 테일러의 과학적 관리법은 노동 생산성을 혁신적으로 올렸고, 그 결과는 세계 경제의 성장과 노동자들의 생활수준 향상이었다.

지식을 인간의 작업에 적용함으로써 만들어진 노동 생산성은 2차 세계대전 직후부터 더 이상의 부를 창출하지 못하는 한계를 드러냈다. 그럼에도 불구하고 이후 세계 경제가 눈부신 성장을 거듭한 것은 지식 생산성의 결과이다. 기존의 지식을 더욱 효과적으로 만들기 위한 노력, 즉 지식에 지식을 적용함으로써 성과를 올리는 경영 생산성이 만들어졌다. 지식과 지식의 결합은 경영혁명으로 끝없이 새로운 가치를 창조하고 있다.

어떤 사실에 대하여 나만 모르고 있는 것 같아 조심스레 물어 보면 다른 사람들도 잘 모르는 경우가 종종 있다. 지식사회야 말로 모두가 잘 아는 것 같지만 잘 모르고 있는 개념이다. 자신에게 주어진 삶을 잘 살기 위해서는 자기 자신을 아는 것과 더불어 자신이 사는 세상도 알아야 할 것이다.

Check Point | 지식 적용의 역사

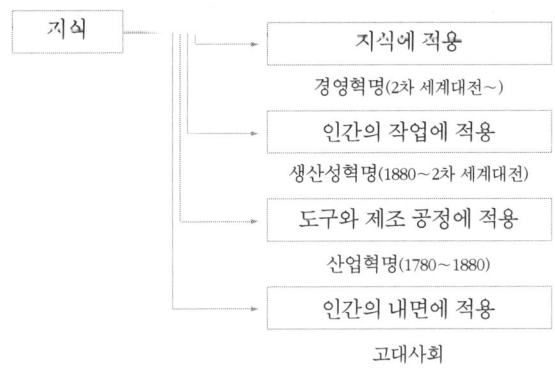

지식의 역사는 지식을 인간의 내면에 적용한 단계에서 출발하여 지식을 도구와 제조 공정 그리고 제품에 적용한 단계(산업혁명), 지식을 인간의 작업에 적용한 단계(생산성혁명)를 거쳐, 지식을 지식에 적용한 단계(경영혁명)로 접어 들었다.

—피터 드러커 *Peter F. Drucker*

누가 21세기 지식인인가?

21세기 지식인은 학력이나 학위와는 무관하게
전문화된 지식과 정보를 가지고 성과를 올리는 사람을 의미합니다.
당신은 21세기 지식인 그룹에 당당히 들어갈 수 있습니까?

지식인 하면 왠지 특별한 느낌을 준다. 하지만 따지고 보면 지식인이 아닌 사람은 없다. 다만 지식을 많이 가진 사람과 그렇지 못한 사람의 차이가 있을 뿐이다. 그러면 지식을 많이 가지고 있다는 것은 어떤 의미일까?

전통적으로 지식인이란 교육을 받은 사람을 뜻하는 말로 두루 넓게 아는 교양인을 의미했다. 그들은 자신들이 알고 있는 것에 대해 글로 쓰고, 말로 설명할 수 있을 만큼 충분히 알고 있고, 많은 것을 이해하고 있다. 그러나 그 일을 행할 수 있을 만큼 철저히 알고 있지는 못하다. 물론 알고 있는 모든 것을 할 수 있어야 하는 것은 아니다. 하지만 무엇 한 가지 제대로 알지 못하고 결과를 만들거나 문제를 해결할 수 없다면 그것은 문제이다.

상류 사회의 사람들은 상호 교류를 위한 연회가 많다. 한참 연회가 진행되는 중에 손님들이 들락거리는 화장실의 변기가 막혔다고 가정해 보자. 그 일은 그곳에 있는 모든 사람들에게 낭패스러운 일이다. 연회에 참석한 어느 누구도 그 문제를 제대로 해결하지 못할 것이다. 그 문제를 가장 잘 해결할 수 있는 사람은 전문적으로 하수구를 뚫는 사람이다. 그 사람은 적어도 그 문제를 해결할 수 있는 전문적 지식과 경험 그리고 도구를 가지고 있다.

일반적으로 하수구를 뚫는 사람은 그 연회의 초대 손님이 될 수 없겠지만 상황에 따라서는 꼭 필요한 사람이다. 21세기의 지식인은 바로 전문화된 지식과 정보를 갖고 성과를 창출하는 사람이다. 그래서 우리는 이러한 사람들을 과거의 지식인과 구별하여 신(新)지식인이라고 명명한다. 신지식인 하면 언뜻 신지식인으로 유명해졌던 몇 사람을 떠올리겠지만, 전문화된 지식으로 사회가 요구하는 성과를 만들어내고 있는 많은 사람들이 신지식인으로서 우리 사회를 지탱하고 있다. 피터 드러커는 "우리가 지식이라고 말할 때 그것이 의미하는 것은 행동을 하는데 효과가 있는 정보이고, 결과에 초점을 맞춘 정보이다. 어떤 일을 성취해 내기 위해 필요한 지식은 고도로 전문화된 지식이다."라고 말했다.

오늘날 사람들은 프로 스포츠를 일상적으로 즐기고 있기 때문에 프로 스포츠 구단의 조직 형태에 익숙해져 있다. 프로 스포츠 팀은 최고의 선수들만이 그 구성원이 될 수 있으며, 그중에서도 최고의 실력자만이 경기에서 뛸 수 있다. 이렇게 최고의 전문가들에 의해 구성되는 프로 스포츠 팀은 조직사회 조직의 본질을 보여 준다. 피터 드러커의 말처럼 조직은 이제 고도로 전문화된 기술을 갖춘 사람들로 구성될 것이다. 결국 자신의 분야에 관련해 조직 내에 다른 어떤 사람들보다 더 전문적이지 않으면 근본적으로 쓸모없는 존재가 되는 것이다.

'과연 나는 어떤 지식을 가지고 있는가?' 그리고 '내가 가지고 있는 지식의 전문적 수준은 어느 정도인가?'를 생각해 보자. 그 생각은 '내가 조직에 공헌할 수 있을 것인가?', '나를 필요로 하는 조직이 있을 것인가?'라는 질문에 답을 줄 것이다. 만일 당신이 특허 소송을 해야 한다면 일반 변호사, 개인 사무실을 운영하는 특허 전문 변호사, 특허 전문 법률 회사에서 일하는 전문 변호사 중에서 누구에게 일을 맡기겠는가? 만일 수임료의 차이가 없다면 누구라도 최고 수준의 전문 변호사를 선택할 것이다. 시장은 점점 조직을 전문화시키고 있다.

Check Point | 21C 지식인

과거의 지식인	21C 지식인
일반적 지식을 많이 갖고 있는 사람(두루 넓게 아는 교양인)	전문화된 지식과 정보를 갖고 성과를 창출하는 사람
어떤 것에 대하여 글로 쓰고 말로 설명할 수 있을 만큼 앎	신지식인
그 일을 수행할 수 있을 만큼은 알지 못함	그 결과는 바깥으로 드러남. (사회적, 경제적)

우리가 지식이라고 말할 때 그것이 의미하는 것은 행동을 하는데 효과가 있는 정보이고, 결과에 초점을 맞춘 정보이다. 어떤 일을 성취해 내기 위해 필요한 지식은 고도로 전문화된 지식이다.

— 피터 드러커 *Peter F. Drucker*

목표는 효과적인 지식근로자다

육체노동자, 육체노동자 성향의 지식근로자,
평균적인 지식근로자, 효과적인 지식근로자 중에서
당신은 누구입니까?

지식근로자(Knowledge Worker)란 용어와 개념은 아직 낯설기도 하지만 1957년 피터 드러커의 저서 《내일의 이정표(The land mark of tomorrow)》에서 처음 제시되었다. 지식근로자란 지식을 활용해서 일을 하는 사람이다. 지식근로자의 상대 개념인 육체노동자는 자신의 육체, 즉 근육의 힘으로 일하는 사람이다.

농경사회에서는 주로 대부분의 사람들이 농업에 종사했기 때문에 농사를 짓는 노동자가 대부분이었다. 산업사회에서는 일부 관리자 계층이 있었지만 공장에서 노동력을 제공하는 육체노동자가 주류를 이루었다. 지식경제 시대에 들어서면서 손이 아닌 머리를 써서 생산성을 올리고, 질적인 목표를 달성해야 하는 지식근로자가 부가가치 창출의 최대 세력이 되었다. 육체노동자와 비교한 지식근로자의 특징은 다음과 같다.

육체노동자는 생각할 필요 없이 단지 손으로 일하는 사람이다. 그들은 주어진 일을 정해진 대로 하면 된다. 반면에 지식근로자는 지식을 활용하여 기대되는 성과를 만드는 사람이다. 그들은 '무엇을 할 것인가?', '어떻게 할 것인가?'를 끊임없이 생각하면서 일을 한다. 지식근로자는 생각하는 것이 일의 시작이다.

육체노동자에게 필요한 능력은 어느 정도의 힘과 시키는 일을 그대로 할 수 있는 능력이다. 반면에 지식근로자의 능력은 올바른 일을 하는 것이다. 지식근로자는 어떤 목표를 달성해야 하는지에 대해 항상 올바른 결정을 내려야 한다. 육체노동자의 능력 차이는 눈에 보이는 차이이고, 그 차이가 크지 않지만 지식근로자의 능력의 차이는 눈에 보이지는 않아도 그 차이가 무한하다. 언젠가부터 같은 시간 일을 해도 받는 급여는 천차만별인 세상이 되었다.

육체노동자의 목표는 한 시간에 10개를 만드는 것처럼 양적인 목표이며, 업무 방법을 개선해 12개를 만드는 능률이 중요하다. 평가도 산출물의 양 또는 질을 기준으로 평가하면 된다. 반면에 지식근로자의 목표는 효과성이다. 지식근로자는 고객이 만족할 수 있는 성과물을 만들어야 한다. 단순히 해야 할 일을 하는 것이 아니라 높은 수준에서 목표를 달성하는 것이다. 지식근로자는 한정된 시간 자원을 가지고 보다 높은 성과를 만들어야 하기 때문에 혁신이 중요하다. 지식근로자의 존재 가치는 조직의 성과에 얼마나 기여하고 있느냐로, 즉 그들의 목표달성능력으로 평가된다.

육체노동자는 시킨 일을 하는지 안 하는지를 감독할 수 있지만, 지식근로자는 직접적으로 세부적인 면까지 감독할 수는 없다. 다만 도움을 줄 수 있을 뿐이다. 지식근로자의 상사의 역할은 부하 직원에게 시킨 일을 감독하는 것이 아니라 그가 최대한 목표를 달성할 수 있도록 지원해 주는 일이다.

대부분의 시간을 육체를 움직이면서 일하는 사람들 중에서 '과연 나는 지식근로자일까?'라는 의문을 가질 수 있다. 그러나 단지 육체를 쓰고 있다고 해서 육체노동자는 아니다. 따지고 보면 몸을 쓰지 않고 일하는 사람은 없다. 오랜 시간 수술을 해야 하는 외과의사는 몸을 많이 쓰고 있지만 오히려 높은 수준의 지식근로자이다. 중요한 것은 '자신이 산출하는 성과의 원천이 육체적이냐?' 아니면 '자신이 가지고 있는 전문적 지식을 바탕으로 하고 있느냐?'이다. 21세기 조직에서 일하는 사람 가운데 순수한 육체노동자는 찾아보기 어렵다.

그럼에도 여전히 육체노동자적 성향에서 벗어나지 못한 사람, 즉 시키는 일과 정해진 시간만 때우며 일하는 수동적인 사람은 여전히 존재하고 있다.

지식경제사회를 성공적으로 살기 위해 가장 먼저 해야 할 일은 스스로가 지식근로자임을 명확하게 인식하고 효과적 지식근로자가 되기 위해서 무엇을 해야 할지에 대한 올바른 답을 찾는 것이다.

Check Point | 육체노동자 vs 지식근로자

구분	육체노동자	지식근로자
정의	근육의 힘으로 일하는 사람	지식을 활용하여 일하는 사람
능력	주어진 일을 올바르게 할 수 있는 능력	올바른 목표를 달성하는 능력(목표 달성 능력)
목표	양적 결과 - 능률이 중요	높은 성과(effectiveness) - 혁신이 중요
평가	산출물의 양과 질을 기준으로 언제든지 평가 가능	조직의 목표 달성에 얼마나 기여 하느냐로 평가
상사	지시하고 감독하는 사람	목표 달성을 지원하는 사람

> 지식근로자들은 자신이 필요로 하는 지식을 스스로 보유하고 있다. 결국 그들은 '스스로 생산 수단을 수용하고 있는' 셈이다. 게다가 그들은 자신의 생산 수단을 어디에나 가지고 갈 수 있다. 그것은 그들의 머리 속에 있는 것이다.
>
> —피터 드러커 Peter F. Drucker

이제는 지식근로자의 생산성 향상이다

과학적 관리법을 통해 육체노동자의 생산성을 올리고,
노동자들의 수입 증대와 삶의 질 향상에 기여한 사람이
누구인지 아십니까?

칼 마르크스(Karl Marx, 1818~1883)를 모르는 사람은 거의 없지만, 프레드릭 테일러(Fredrick W. Taylor, 1856~1915)를 모르는 사람은 매우 많다. 테일러는 산업화 시기에 공장 노동자들의 동작 및 시간, 즉 작업을 연구하여 과학적 관리법을 만들어 낸 사람이다. 테일러를 알고 있는 대부분의 사람들은 그가 인간을 도구화시킨 사람이라는 부정적 이미지를 가지고 있다. 그러나 테일러에 대한 이러한 평가는 너무나 왜곡되고, 과소평가된 측면이 있다. 테일러에 대해 깊이 있게 연구한 피터 드러커는 "다윈, 프로이트, 마르크스가 현대 사회를 창조한 사람으로 대표되는데, 세상에 정말 정의라는 게 있다면 마르크스 대신에 테일러를 그 자리에 앉혀야 한다."고 말한 바 있다.

마르크스는 산업혁명 이후 자본가의 노동자 착취에 관심을 갖고 집중적인 연구를 했고, 그 결과로 만들어진 책 《자본론(Das Kapital, Kritik der politischen Oeconomie)》은 사회변화에 막대한 영향을 미쳤다. 그러나 자본주의는 스스로 힘에 부쳐 무너질 것이라는 그의 주장은 실패로 끝났다. 한편 미국의 유복한 가정에서 출생한 테일러는 시력이 좋지 않아 하버드 대학 입학을 포기하고 공장에 들어가 관리자가 되었는데, 테일러 역시 마르크스가 본 것, 즉 자본가와 노동자의 심각한 반목과 갈등을 보았다. 그는 이 문제에 대한 해결책은 노동자들의 작업 생산성을 올리는 것이라는 신념을 가지고 연구를 했고, 그 결과로 과학적 관리법이 탄생하게 된 것이다.

테일러는 그 과정에서 자본가와 노동자 모두에게 큰 저항을 받기도 했다. 그의 주장은 틀리지 않았다. 20세기 말에 노동 생산성은 50배까지 향상 되었고, 그 성과는 노동자들의 수입 증대와 삶의 질 향상으로 이어졌다. 또한 과학적 관리법은 대부분의 국가 경제 발전의 원동력이 되었다. 전쟁으로 폐허가 된 대한민국이 짧은 시간에 초고속 성장을 이룰 수 있었던 것은 바로 테일러의 과학적 관리법이 성공적으로 적용된 결과라 할 수 있다.

21세기에 들어선 오늘날 사람들의 삶은 다시 어려워지고 있다. 테일러의 덕분으로 보통 사람들의 생활수준이 매우 높아졌지만, 사회가 복잡해지고 양극화가 심화되면서 많은 사람들이 경제적으로 어려움을 겪고 있다. 경제적 양극화의 이유는 생산성의 한계가 없는 자원인 지식을 기반으로 한 사회가 되었기 때문이다.

이러한 사회 현상에 대해 깊이 통찰하고 있는 피터 드러커는 현대 사회의 문제에 대한 해결책을 제시했다. 즉, 테일러의 시대에는 절대 다수였던 육체노동자의 생산성을 올리기 위한 노력이 주효했지만, 현대 사회에는 일을 하는 사람들의 대부분이 지식을 활용하여 일하는 지식근로자이기 때문에 지식근로자의 생산성을 올리는 것이 그 해결책이라고 말한다.

과거 육체노동자의 생산성은 작업을 연구하여 능률적 작업 시스템을 설계하는 방식으로 올릴 수 있었다. 그러나 지식근로자는 높은 성과를 산출하기 위해 개인 스스로 무엇을 어떻게 해야 하는가에 대해 판단해야 하고, 그 책임도 져야 하기 때문에 자신이 소유한 모든 자원을 생산적으로 활용하는 것과 지속적인 혁신을 위한 학습이 지식근로자 생산성 향상의 핵심이다.

마르크스는 틀렸고, 테일러의 영향력은 다했다. 이제 피터 드러커가 주장하는 지식근로자의 생산성 향상에 초점을 맞추어야 할 때이다.

Check Point | 마르크스와 테일러

Karl Marx	Fredrick W. Taylor
1818~1883년	1850~1919년
자본론 저술	과학적 관리론 정립
자본주의는 스스로 힘에 부쳐 넘어질 것이다	노동 생산성은 노동자에게 유익할 것이다
실패	노동자의 삶의 질 향상에 기여

마르크스는 종종 다윈, 프로이트와 함께 '현대 세계를 창조한 삼위일체'로 간주되기도 한다. 하지만 이 세상에 정말 정의라는 것이 있다면 마르크스 대신 테일러를 그 자리에 앉혀야만 한다.

—피터 드러커 Peter F. Drucker

지식사회가 요구하는 패러다임을 갖자

21세기를 살아가며 일하는 사람으로서
자신이 속한 조직과 사회에 공헌하고 지식사회를
성공적으로 살아가기 위해 무엇을 알아야 할까요?

일제강점기는 이제 아득히 먼 옛날이야기이다. 그럼에도 오늘의 삶 속에는 그 잔재가 남아 있다. 일제가 강점했던 그 기간보다 더 많은 시간이 지났지만 일제 강점기는 여전히 우리나라 사람들의 생각과 말과 행동에 영향을 미치고 있다. 국어에서만 봐도 알 수 있지 않는가. 아직도 일본어의 잔재들이 많이 남아 있는 것을 보면 일정 기간 동안 만들어진 관습은 생각보다 오랫동안 영향을 주는 듯하다.

산업사회 역시 마찬가지이다. 산업사회는 이미 그 막을 내렸지만, 아직 사회 요소 전반에 산업 사회적 요소가 뿌리 깊게 남아 있다. 특히 심각한 것은 지식사회를 살고 있는 사람들의 의식 속에 산업 사회적인 패러다임(paradigm : 사물에 대한 이론적인 틀이나 체계)이 깊숙이 박혀 있다는 것이다. 예를 들어 대부분의 사람들은 '60세가 되면 조직과 일에서 은퇴해야 한다.'고 생각한다. 과연 이런 패러다임이 지금, 혹은 앞으로도 통용될 수 있을까. 이는 육체적 힘이 소진되면 은퇴해야 했던 산업사회의 의식이다. 평균 수명이 80세가 되고 초 고령화 사회로 넘어가는 우리의 상황을 볼 때, 60세가 되면 은퇴한다는 것은 이제 낡은 생각이다. 지식사회는 지식 사회적 패러다임과 행동양식을 분명하게 요구하고 있다.

물론 사회 변화에 따라 의식이 변해야 한다는 것은 이미 사회적으로도 중심 주제가 된 지 오래다. 서점만 가 봐도 이를 알 수 있다. 언젠가부터 변화한 시대를 사는 방법을 주제로 한 책은 쏟아지기 시작했고, 모든 기업교육 프로그램에는 변화와 혁신을 주제로 한 강좌가 빠지지 않고 있다. 그러나 이런 줄기찬 노력에도 불구하고, 변화의 시대가 요구하는 만큼 우리는 변화했는가 하는 부분은 회의적인 것처럼 보인다. 아직도 많은 사람들은 그저 "산업사회 다음 사회가 정부하 사회, 또는 지식사회 아닌가요?"라고만 말한다. 하지만 당신이 현재를 살고 있고, 조직에서 일하고 있고, 당신만의 삶의 목적이 있다면, '왜 지식사회인가?', '지식경제사회에서 자원으로서의 지식은 무엇인가?', '지식사회에는 어떻게 일하고, 어떻게 살아야 하는가?' 등에 대해 생각하고 말할 수 있어야 한다.

지식사회를 성공적으로 살아가기 위해서는 사회 변화의 흐름과 함께 핵심 자원으로서의 지식의 본질을 이해해야 한다. 그리고 지식근로자로서의 정체성을 인식하고, 효과적인 지식근로자가 되기 위한 방법, 즉 높은 성과를 올리기 위해 보다 현명하게 일하는(working smarter) 방법을 배우고 익혀야 한다. 그래야만 지식사회에 어떻게 일하고, 살아가야 하는가에 대한 답을 찾을 수 있다.

지식사회와 지식근로자의 개념을 정립한 피터 드러커는 "20세기 조직이 보유한 가장 가치 있는 자산은 그 회사의 생산 시설이었다. 반면 21세기 조직이 보유하는 가장 가치 있는 자산은 그 조직의 지식근로자, 그리고 그들의 생산성이다. 지식근로자의 생산성 향상은 이제 조직과 개인 모두에게 가장 중요한 과제이다. 이제 조직의 교육은 지식근로자의 생산성 향상에 초점을 맞추어야 하며, 지식근로자로서 무엇을 알아야 할지 그리고 어떻게 해야 할지를 분명하게 제시해 주어야 한다. 세계 경제의 주도권은 지식근로자의 생산성을 성공적으로 향상시킨 국가와 기업이 이끄는 방향으로 이동할 것이다."라고 하였다.

21세기 조직의 분명한 교육 목표는 현명하게 일하고, 높은 성과를 올리는 효과적 지식근로자의 양성이다. 지식근로자의 생산성 향상에 초점을 맞추는 노력은 개인이 조직에 공헌하게 하는 일이며, 나아가서는 경제의 경계가 없어진 글로벌 시대의 국가경쟁력 향상에 기여하는 일이고, 궁극적으로는 개인의 성공적 삶에 기여하는 일이 될 것이다.

Check Point | 21세기 조직 교육의 목표

- 과거 시대 잔재 패러다임 버리기
- 지식 사회가 요구하는 패러다임 갖기
- 높은 수준의 분야별 전문가 키우기
- 높은 성과를 올리기 위해 현명하게 일하는 방법 배우기
- 함께 일할 수 있는 팀워크 역량 기르기

> 조직의 교육은 언제나 지식근로자의 생산성 향상에 초점을 맞추어야 한다.
>
> —피터 드러커 *Peter F. Drucker*

21세기는 셀프리더십 시대다

> 셀프 리더는 목표를 달성하기 위해
> 스스로를 끌어가는 사람입니다.
> 당신은 주도적인 자세로 일하고 높은 성과로
> 조직에 공헌함으로써 조직과 파트너 관계를
> 유지하는 셀프 리더입니까?

사람들이 일상적으로 쓰고 있는 스킨십(skin-ship)이란 말은 영어 사전에 없다. 소위 콩글리시다. 우리가 의심 없이 쓰고 있는 말 가운데는 어원이 불분명한 것들이 많다. 셀프리더십(self leadership) 역시 영어 사전에는 없는 말이다. 그럼에도 많은 사람이 쓰고 있는 것은 그 사회가 필요로 하는 개념이기 때문이다.

셀프리더십은 분명 리더십의 의미를 살려 만든 말이다. 리더십이란 리더가 가지고 있어야 할 능력으로 그 본질은 목표달성능력(effectiveness)이다. 사람들과 함께 조직의 목표를 달성하면 리더십, 즉 리더로서의 능력이 있는 것이고 목표를 달성하지 못하면 리더십이 없는 것이다. 리더십의 개념을 바탕으로 하면 셀프리더십은 자신의 목표를 달성하기 위해 자신을 스스로 끌어가는 능력을 의미한다.

최근 기업교육의 변화 중에 한 가지는 셀프리더십 프로그램이 많다는 것이다. 셀프리더십 교육의 내용은 다양하지만 대부분 인생의 꿈과 목표를 달성하기 위한 삶의 자세에 관한 것으로 자기 인생에 대한 책임, 명확하고 구체적인 목표, 확고한 신념, 실천적 행동, 긍정적 자세, 생산적 습관 등이다. 이러한 주제들은 학교에서 배우지 않았던 내용이고 성공적 인생에 대한 동기를 부여해 주기 때문에 교육생들의 관심이 크다. 하지만 대부분의 셀프리더십 교육이 알면 좋은 것(nice to know) 수준에서 벗어나지 못해 일과 삶에 적용 가능성이 낮은 교육이 되고 만다. 왜 셀프리더십이 직원들에게 필요한 주제가 돼야 하는지가 분명치 않기 때문에 방향성 없는 교육으로 끝나는 경우가 많다.

셀프리더십이 21세기 근로자에게 강조되는 것은 일의 성질이 바뀌었기 때문이다. 20세기 초기, 조직에서 일하는 사람들은 대부분 육체노동자였다. 그들은 일터에 나오면 해야 할 일과 방법이 정해져 있었기 때문에 목표를 세울 필요도 없고, 일을 어떤 식으로 추진할 것인지에 대한 고민도 필요 없었다. 그러한 고민은 일부 경영자 층이 하면 되는 일이었다. 21세기

사회의 조직에서 일하는 대부분의 사람들은 지식근로자이다. 지식근로자는 해야 할 일을 무작정 시작하는 것보다는 '무슨 일을 할 것인지', '어떤 방식으로 일을 할 것인지'를 생각하며 일해야 한다. 지식근로자의 목표는 조직에 공헌하는 높은 성과이며, 단순히 일을 열심히 하고 오랫동안 일하는 것으로 목표 달성이 가능하지 않다. 지식근로자란 말을 최초로 사용한 피터 드러커는 "현대 조직에서 일하는 모든 지식근로자는 한 사람의 경영자이다."라고 말한 바 있다.

지식근로자가 중심이 된 21세기 사회는 셀프리더십 시대다. 조직의 구성원은 모두 셀프리더로서 시키는 일만 하는 육체노동자적 성향에서 벗어나 주도적인 자세로 일하고 높은 성과로 조직에 공헌하는 하이퍼포머(high performer)가 돼야 한다. 지식근로자는 더 이상 돈을 받고 노동을 파는 종업원이 아니다. 그들은 다른 사람이나 조직이 아닌 스스로를 위해 일하는 사람들로서 자기실현을 위해 조직과 파트너 관계를 유지하는 새로운 형태의 근로자이다.

조직에서의 셀프리더십은 업무성과 향상을 위한 셀프리더십이어야 한다. 지식근로자는 '내가 조직에 공헌하기 위해 달성해야 할 성과와 목표는 무엇인가?'를 질문하고, '높은 성과를 올리기 위해 자신이 가지고 있는 것들 – 정보, 시간, 네트워크,

강점 등 - 을 어떻게 관리하고 생산적으로 활용할 것인가?'를 스스로 고민하는 주도적 자세가 필요하다. 업무성과 향상에 초점을 둔 셀프리더십의 원리는 개인의 인생 목표 달성에도 적용된다. 이제 조직 교육의 핵심 테마인 '셀프리더십'은 '하이퍼포머의 셀프리더십(high performer's self-Leadership)'으로 그 의미를 명확히 해야 한다.

Check Point | 셀프 리더의 질문

- 내가 조직에 공헌하기 위해 달성해야 할 성과와 목표는 무엇인가?

- 높은 성과를 올리기 위해 내가 가지고 있는 것들(시간, 정보, 네트워크, 강점 등)을 어떻게 관리하고 생산적으로 활용할 것인가?

> 지식 근로자는 더이상 돈을 받고 노동을 파는 종업원이 아니다. 그들은 다른 사람이나 조직이 아닌 스스로를 위해 일하는 사람들로서 자기실현을 위해 조직과 파트너 관계를 유지하는 새로운 형태의 근로자이다.
>
> — 피터 드러커 Peter F. Drucker

혁신하지 않으면 안된다

사람들은 웬만한 상품과 서비스에 만족하지 않고,
끊임없이 더 좋은 제품과 더 높은 서비스를 요구합니다.
이러한 고객을 만족시키기 위해 당신은 어떤 노력을 하고 있습니까?

세상이 온통 혁신을 부르짖고 있다. 조직의 교육에서도 혁신이 붙지 않은 교육 과정명이 없을 정도이다. 그만큼 혁신이 중요하기 때문이겠지만 여기저기서 시도 때도 없이 혁신의 구호를 내세우다 보니 오히려 무감각해진다. 마치 음식점 간판에 너도나도 원조를 붙여 사실상 구분이 안 되는 것과 다르지 않다.

혁신이란 안정된 기존 질서를 깨뜨리고 새로운 세계관을 바탕으로 새로운 질서와 가치를 만들어 내는 것이다. 말을 타고 달리면서 '어떻게 하면 이 말이 더 빨리 달릴 수 있을까?'라고 생각하는 것을 넘어서 '더 빨리 이동하기 위한 다른 수단이 없을까?' 라고 생각하는 것이다. 왜 혁신이 중요한가?

혁신에 의한 생산성을 강조한 피터 드러커는 "사람들이 누리는 높은 생활수준이 경제의 혁신과 변화를 전제함으로써만 가능한 것이기 때문이다."라고 말했다. 오늘날 대부분의 사람들의 생활수준은 매우 높은 상태이다. 물론 상대적으로 빈곤감을 느끼고 있는 사람이 있겠지만 과거와 비교해 볼 때 개인들의 삶의 수준은 절대적으로 높아진 것이 사실이다. 그리고 사람들은 지금의 생활보다 훨씬 나아지는 것을 목표로 하고 있다. 현재의 생활을 유지하고 더 나은 상태가 되기 위해서는 그 만큼의 수입이 필요하다. 기름이 떨어지면 자동차가 움직임을 멈추듯이, 수입이 없으면 사람들은 하루도 온전히 생활을 할 수 없다.

개인이 수입을 만들어 내기 위해서는 맡은 일에서 성과를 내야 하고, 조직이 매출을 올리기 위해서는 고객이 요구하는 상품과 서비스를 제공해야 한다. 그런데 오늘날의 고객들은 웬만한 상품과 서비스에 결코 만족하지 않는다. 뒤집어 놓고 보면 우리 자신도 웬만한 가치를 느끼지 않으면 가격을 지불하지 않고 있다. 그러므로 그저 열심히 일하고, 단순히 결과를 만들어 낸다고 해서 매출과 이익을 만들어 낼 수 없는 것이다. 어떤 영화감독이 많은 투자와 노력으로 영화를 만들었다고 해도, 고객들이 그 가치를 인정하지 않으면 상영조차 할 수 없는 것이 현실이다. 결국 개인과 조직이 살아남기 위해서는 고객을 만족시킬 수 있는 가치를 만들어내야 하고, 계속해서 더 높은 수준의 요구를 만족시켜야 한다.

끝없이 올라가는 고객의 요구를 만족시키기 위해서는 지금보다 더 많은 노력과 시간을 투입해야 한다. 그러나 시간은 결코 늘릴 수 없는 자원이다. 결국 시간적 한계 상황을 극복할 수 있는 생산성을 만들어 내야 하는데, 그것은 오직 혁신과 변화를 통해서만 가능한 일이다. 피터 드러커는 제2차 세계대전 후에 영국 경제가 침체된 이유는 구세대에 속하는 기업인들과 노동자들이 혁신과 변화에 안이하게 생각했고, 짧은 시간밖에 일하지 않았기 때문이라고 지적했다.

나는 학교를 다닐 때에 선진국 여성들이 일하는 이유는 자아실현의 욕구가 강하기 때문이라고 배웠다. 그러나 그것은 사실이 아니다. 선진국 여성들의 꿈은 전업주부(full time mother)가 되는 것이라고 한다. 선진국 사람들의 삶은 이미 높은 생활수준에 도달하고 있었기 때문에 많은 수입이 필요했고, 그것이 남편과 아내가 모두 일해야 하는 이유인 것이다. 사람들의 생활수준이 점점 높아지고 있는 우리나라의 경우도 그 흐름이 같다.

어떤 조직이 살아 있다는 것은 그만큼의 가치를 내고 있다는 것이다. 다만 오늘의 가치를 가지고 내일의 고객을 만족시킬 수 없다는 사실을 결코 잊지 말아야 할 것이다.

Check Point | 혁신의 필요성

현상
개인들의 경제력과 생활 수준이 높아지고 상품과 서비스에 대한 요구 수준도 매우 높아짐

해결책
고객의 높아진 요구를 만족시키기 위해 높은 품질의 상품과 서비스를 제공해야 함. 그러기 위해서는 더 높은 수준의 목표를 달성하기 위해 더 많은 일을 집중적으로 해야 함

한계
목표는 높아지고 할 일은 많아졌지만 시간 자원은 그대로이며 늘릴 수 없음

결론
주어진 시간과 자원을 가지고 점점 높아지는 목표를 달성하기 위해서는 혁신적 방법으로 문제를 해결해야 함

> 시간부족 현상은 사람들이 누리는 높은 생활 수준이 경제의 혁신과 변화를 전제함으로써만 가능한 것이기 때문이다. 이 혁신과 변화는 언제나 지식근로자로 하여금 엄청난 시간을 투입할 것을 요구한다.
>
> —피터 드러커 Peter F. Drucker

세계는 평평하다

이제는 국내가 아니라 전 세계 사람들과
일자리 경쟁을 해야 하는 시대입니다.
평평해진 세계에서 당신은 대체할 수 없는 사람입니까?

기업의 집합교육은 대개 회사를 벗어난 장소에서 이루어지는 경우가 많은데, 얼마 전에 우리나라의 대표적인 조선 회사의 작업장 안에 있는 교육장에서 강의를 할 기회가 있었다. 강의장 창밖으로 보이는 조선소의 광경은 마치 영화의 한 장면을 보는 듯했다. 여기저기서 배의 부분 부분을 만들고 있는 모습과 그 사이사이에 짙은 초록빛의 바다가 보이고, 작업복을 입고 색깔이 있는 모자를 쓴 많은 사람들이 바쁘게 움직이고 있었다. 오전 강의를 마치고 점심을 먹기 위해 사내 식당으로 이동했다. 그곳엔 정말 많은 사람들이 식사를 하고 있었다. 식당에 있는 사람들은 대부분 똑같은 작업복을 입고 있어 처음엔 눈에 들어오지 않았는데 자세히 보니 외국인 노동자들이 정말 많이 있었고, 중식 메뉴인 삼계탕을 먹고 있는 모습은 무척이나 인상적이었다. 드물지만 외국인 노동자 중에는 자기 나라에서 교수, 의사 등 전문직이었던 사람들도 있다는 말을 들으면서 놀랍기도 하고, 한편으로는 안타깝기도 했다. 우리나라에 외국인 노동자가 들어와 일하고 있는 것이야 어제 오늘의 일은 아니지만 블루칼라 아웃소싱(outsourcing : 효율의 극대화를 위해 업무의 일부를 제3자에게 맡기는 것)의 현장을 눈으로 실감할 수 있는 기회였다. 그동안 세계의 많은 사람들은 가족을 떠나 타국에서 돈을 벌기 위해 고생을 해왔다. 그러나 이제 가족과의 이별 없이 자국에 있으면서 다른 나라 기업의 일을 하는 시대가 시작됐다. 바야흐로 화이트칼라 아웃소싱이 시작된 것이다. 인도에 있는 많은 인도 사람들은 미국에 있는 기업의 일을 맡아 하고 있다. 소프트웨어의 개발은 이미 오래 전부터 해왔던 일이며, 최근 들어서는 세무 정산과 같은 회계 업무, 상담 및 판매 활동을 하는 콜센터 업무 등 다양한 분야의 일을 하고 있다. 심지어는 미국 경영자가 퇴근하면서 시킨 일을 그가 다음날 출근할 때까지 처리해 놓는 개인 비서도 있다. 특별한 사실은 미국과 인도의 시차가 약 12시간이어서 그야말로 24시간 움직이는 비즈니스 체제가 된다는 것이다. 인도의 경우는 화이트 컬러 아웃소싱의 대표적 사례이며, 이제 화이트

칼라 아웃소싱은 세계적인 현상으로 확대되고 있다.

최근 시선을 끌었던 책 중에 토마스 프리드먼이 쓴 《세계는 평평하다(The world is flat)》가 있다. 현재 '뉴욕타임스'의 기자이며, 《렉서스와 올리브나무》의 저자이기도 한 그는 책을 통해 점점 평평해지고 있는 세상의 모습과 그 이유를 새로운 관점에서 설명하고 있다. 그는 어린 시절 부모님에게 "밥은 남기지 말고 먹어야지. 지금 중국이나 인도에는 굶주리는 사람들이 많단다."라는 말을 들으면서 커왔지만, 지금의 부모들은 아이들에게 "얘들아, 숙제는 끝내야지. 중국과 인도에는 네 일자리를 가져가려고 열심히 공부하는 사람들이 많단다."라고 말해야 한다고 했다. 그는 평평한 세계에서는 절대로 평범해서는 안 되며, 평평한 세계에서는 모두가 '대체할 수 없는 사람(untouchable person)'이 되어야 한다고 주장한다. 그가 말하는 대체할 수 없는 사람이란 결국 아웃소싱할 수 없는 일을 하는 사람을 뜻한다. 2006년 한글날 특집 방송 중에 한국어 열풍을 주제로 한 프로그램이 있었다. 동남아시아의 많은 국가에서 영어와 일어보다 한국어를 열심히 배우고 있는 모습은 대한민국 사람으로서 가슴 뿌듯한 자부심을 느끼게 해주었다. 하지만 한편으로는 위협감도 느끼게 된다. 몽고의 울란바트로 대학의 한국어과는 최고의 인재가 모이는 곳으로,

화면에 등장한 4학년 학생들의 한국어 수준은 한국사람 그 이상으로 놀라울 정도였다. 이것은 대한민국 기업의 많은 일자리들이 인터넷을 타고 몽고의 우수한 인재들에게 할당될 가능성을 보여 주고 있는 것이다. 평평해진 세계에서 우리는 하나가 된 세계의 링에 올라야 한다. 밀리면 바로 낭떠러지다.

Check Point | 대체할 수 없는 사람

- 당신이 하고 있는 일은 어떤 수준입니까?
☐ 누구든지 당장이라도 할 수 있는 일이다.
☐ 짧은 기간 배우고, 익히면 누구나 할 수 있는 일이다.
☐ 전문적 지식 또는 오랜 경험이 있어야 할 수 있는 일이기 때문에 나를 대체할 수 있는 사람은 거의 없다.

- 만일 당신이 하고 있는 일을 당신보다 낮은 대가를 받고 일하겠다는 사람이 나타난다면 어떻게 될까요?

> 어느 지역 어떤 기업도 글로벌적인 차원에서 경쟁력을 확보해야 한다는 사명 앞에서 예외가 될 수 없다. 비록 그들의 사업이 목표로 하는 시장이 오직 지역 시장뿐이라고 하더라도 말이다.
>
> —피터 드러커 Peter F. Drucker

지식사회는 전문가를 원한다

지식사회는 곧 전문화된 지식이 핵심 자원이 되는 사회를 말합니다.
당신은 전문화된 조직의 구성원으로서 일할 준비가 되어 있습니까?

　

중세사회는 다원화된 사회였다. 당시에는 봉건 영주, 기사, 수도원, 자유 도시 등 수백 개의 자율적, 경쟁적 권력 중심점이 있었기 때문이다. 이후 근대화 과정 속에서 권력의 중심은 군주로, 그 다음에는 국가로 통합되고, 19세기 중엽에 모든 선진국은 중앙집권국가가 되었다. 그러나 사회는 다시 다원화되기 시작했다. 왜냐하면 국가가 사회의 모든 요구를 충족시켜 줄 수 없었기 때문에 사회의 다양한 요구를 충족시킬 수 있는 새로운 조직들이 하나씩 출현하기 시작했고, 자율권을 가지게 되었다. 즉, 기능적으로 다원화된 사회가 된 것이다.

피터 드러커는 이러한 사회 변화의 흐름을 정리하면서 '하나의 조직은 그 사회의 요구를 충족시키는 하나의 도구'라고 정의하였다. 그러므로 조직은 목적 지향적으로 구성되어 있고, 항상 전문화되어 있어야 한다. 전문적이어야만 조직은 사회에 기여하고, 그 결과 사회와의 관계에서 균형을 이루게 된다. 영리 조직이든, 비영리 조직이든 조직이 사회가 요구하는 기능을 전문적으로 수행하지 못하면, 즉 고객이 요구하는 수준의 제품 또는 서비스를 제공하지 못하면 그 조직은 존립할 수 없는 것이다.

사회의 요구를 충족시킬 수 있는 전문화된 조직이 되기 위해서 조직은 전문가적인 지식을 가진 사람들로 구성돼야 한다. 그러므로 조직들은 언제나 가장 핵심적인 자원, 즉 전문가적인 지식과 기술을 갖춘 유능한 사람을 확보하기 위해 경쟁하고 있는 것이다. 그렇지 않으면, 조직은 사회가 요구하는 성과를 만들어 낼 수 없다. 최근 화제의 중심에 있는 축구 선수 박지성은 최고의 능력을 바탕으로 조직에 공헌하고 있는 최고 수준의 프로페셔널이며, 또한 그의 소속팀은 최고의 전문가들로 구성되어 있기 때문에 최고의 축구 구단, 즉 축구 경기를 즐기는 많은 사람들을 만족시킬 수 있는 조직이 되고 있는 것이다.

사전적 정의로 프로페셔널(Professional)이란 전문적인 직업인을 뜻한다. 한 때 '대충 그까이꺼'라는 말이 유행이었지만 전문화된 지식사회에서는 가장 위험한 말이다. 예를 들어 홈페이지를 만드는 지식을 대충 가지고 있으면, 사실 별 쓸모가 없다. 홈페이지를 만드는 전문적인 지식을 가지고 있을 때 비로소 질적으로 높은 결과를 만들고, 필요한 곳에 공헌할 수 있는 것이다. 이제 일반적 지식으로는 성과를 올릴 수 없다. 지식사회가 필요로 하는 지식은 전문화된 지식이다. 어떤 일을 성취해 내기 위해서 필요한 지식은 고도로 전문화된 지식을 말한다.

그러나 전문적인 지식만으로는 결과를 얻을 수 없다. 자신의 분야에서 전문적이고 그 전문성을 바탕으로 조직에 기여하는 성과를 만들어 낼 때 진정한 전문가, 즉 프로페셔널이 되는 것이다. 그러므로 프로페셔널이 된다는 것은 조직과 사회가 요구하는 역할을 한다는 것이며, 그에 따른 보상이 있는 것이다. 진정한 프로페셔널은 자신과 자신이 속한 조직에 크게 공헌하고, 나아가 사회에 기여하는 사람이다. 국가 재난 상황에 발 벗고 나서서 노력 봉사를 하는 것도 애국이지만 자신의 분야에서 보다 전문가적으로 일하는 것 역시 애국이다. 자신의 분야에서 최고가 된 수영 선수 박태환, 한류 스타 배용준, 유엔 사무총장 반기문처럼 우리 사회에 꼭 필요한 사람이 되자.

Be a Professional!

Check Point | 사회와 조직, 조직과 프로페셔널

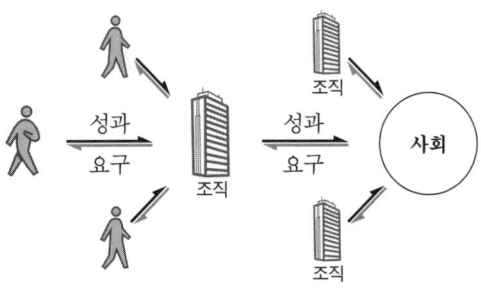

> 전문적인 지식이 아무리 많더라도 그 자체만으로는 아무것도 생산할 수 없다. 전문적인 지식은 어떤 과업과 연결되었을 때에만 생산적일 수 있다. 이러한 사실이 왜 지식 사회가 곧 조직 사회인지를 설명해 준다.
>
> — 피터 드러커 Peter F. Drucker

Chapter · 02

효과적인 지식근로자의 7가지 원칙

《프로페셔널의 조건》을 만나다

21세기 지식사회에서 일하는 사람은
자신이 속한 조직에서 어떻게 일하고
또 자기 자신을 어떻게 스스로 관리해야 하는지를
알고 있어야 합니다.
당신은 알고 있습니까?

 인생을 살다 보면 자신의 인생을 바꿀 만한 사건을 몇 번 만나게 되는데, 내 경우는 피터 드러커의 저서 《프로페셔널의 조건》을 만나게 된 것이 그 중 하나이다. 주어진 삶을 어떻게 살아야 할 것인가에 대해 고민을 많이 해왔지만 뚜렷한 답을 찾지 못한 나에게 《프로페셔널의 조건》은 한 줄기 빛이었다. 그저 막연하게 알고 있었던 사회 변화의 흐름과 핵심 자원으로서 지식의 의미에 대해서 정리할 수 있었고, '지식을 활용해서 일하는 지식근로자로서 어떻게 생산적으로 일할 수 있을까?'라는 다소 추상적 질문에 대한 매우 구체적인 답을 구할 수 있었다. 《프로페셔널의 조건》은 피터 드러커의 저서와 논문들 가운데 지식과 지식근로자 개인에 관한 부분만 따로 모아 정리한 책으로 국내에는 2001년도에 출간됐다.

《프로페셔널의 조건》은 총 5부로 구성되는데, '제1부 새로운 사회의 거대한 변화'에서는 전통적 자본주의와는 다른 새로운 사회, 즉 자본주의 이후의 사회가 오고 있고, 지금은 새로운 사회 시스템으로 변화해 가기 위한 조정기라 할 수 있는 전환기의 한가운데에 있다고 설명한다. 저자는 미래사회가 어떤 모습인지는 도무지 알 수 없지만 한 가지 확실한 것은 새로운 사회는 지식이 핵심 자원인 지식경제 사회라고 확언한다.

'제2부 지식 노동과 지식근로자의 생산성'에서는 지식노동의 개념과 지식근로자의 생산성 향상 방법을 설명하고 있다. 지식근로자가 높은 성과를 올리기 위해서는 지식을 성과로 연계시키는 체계적 작업 즉 목표달성 능력을 필요로 하며 공헌할 목표에 초점을 맞추어야 한다.

'제3부 프로페셔널의 자기관리'에서는 변화하는 시대에 낙오하지 않고 자신의 일과 인생 모두에서 효과적인 사람이 되기 위한 자기관리 방법을 제시하고 있다. 지식근로자는 업무 특성상 시간이 부족하기 때문에 시간을 잘 관리하고 중요한 일에 집중해야 하며, 또한 자신의 강점을 활용하여 높은 성과를 올려야 한다.

'제4부 프로페셔널을 위한 기초 지식'에서는 효과적인 지식근로자가 되기 위한 기초 지식으로써 의사결정 방법. 커뮤니케이션 방법, 리더십의 본질, 혁신의 원리 등을 체계적으로 정리해주고 있다.

'제5부 자기실현을 향한 도전'에서는 인간 수명의 연장과 그에 따라 근로수명이 늘어나는 시대를 어떻게 준비할 것인가에 대한 방법을 제시하고 있다.

《프로페셔널의 조건》은 한마디로 지식근로자로서 자신이 속한 조직에서 어떻게 일하고 또 자기 자신을 어떻게 스스로 관리해야 하는지를 알게 함으로써 21세기를 성공적으로 사는 지혜를 주는 책이다. 저자인 피터 드러커는 경영학의 계보 맨 위에 있는 경영학의 그루(guru : 어떤 분야의 전문가, 권위자)로 평가받고 있는 시대의 거장이며, 2005년 11월 11일 95세로 생애를 마치기 전까지 열정적인 활동을 계속해 지식근로자의 근로수명의 한계가 어디까지인가를 스스로 보여 주었다.

이 책을 접하면서부터 나는 피터 드러커의 메시지를 사람들에게 효과적으로 전달해야겠다고 하는 사명을 가슴에 품게 되었고, 내가 죽은 후에 사람들에게 '피터 드러커의 자기관리 메시지를 효과적으로 전달하고 21세기를 사는 사람들의 효과적 삶에 기여한 사람으로 기억되길 소망하게 되었다. 어느덧 책의 모서리가 검어지고 표지가 헤진《프로페셔널의 조건》을 보면서 '작은 힘이지만 21세기 지식근로자의 생산성 향상에 기여하겠다.'는 사명을 다짐한다.

Check Point | 프로페셔널의 조건

| 제1부 | 새로운 사회와 거대한 변화
| 제2부 | 지식노동과 지식근로자의 생산성
| 제3부 | 프로페셔널의 자기관리
| 제4부 | 프로페셔널을 위한 기초 지식
| 제5부 | 자기실현을 향한 도전

> 이제 단 하나의 의미 있는 경쟁 우위는 지식근로자의 생산성이다. 그리고 지식 근로자의 생산성은 경영자의 손에 달려 있지 않고, 거의 대부분 지식근로자 그 자신의 손에 달려 있다.
>
> — 피터 드러커 Peter F. Drucker

몸값을 올리자

만일 당신이 지금 소속한 조직과의 계약이 끝나고
프로 스포츠에서처럼 자유계약 선수가 된다면
지금 받고 있는 연봉 이상의 몸값을 받을 수 있습니까?

　몸값이란 말의 의미 변화는 시대 변화의 흐름을 단적으로 나타낸다. 과거 시대에는 몸값이란 말을 함부로 쓰지 않았다. 그 말은 불경스러운 말이었고 그저 유괴범이나 인신 매매단 같은 사람들과 어울리는 말이었다. 하지만 이제 너무나 자연스럽게 쓰는 말이 됐다. 오히려 '몸값이 높은 사람'이란 말은 최고의 칭찬이다. 실제로 많은 사람들이 자신의 몸값을 높이기 위해 눈물나는 노력을 하고 있다.

　언뜻 '몸값을 올리기 위해 노력한다.'는 것은 세속적인 느낌을 주기도 한다. 하지만 오히려 우리 사회를 발전시키기 위한 훌륭한 목표라 할 수 있다. 우선 몸값이 올라간다는 것은 대우가 올라간다는 이야기이므로 개인이 원하는 경제적 풍요를

누릴 수 있다. 중요한 사실은 높은 대우는 결과일 뿐이라는 것이다. 세상에 누가 아무 대가 없이 돈을 주겠는가? 그것은 그가 속한 조직에 그만큼 공헌했다는 뜻이 된다. 그러므로 몸값으로 모든 것이 설명된다 할 것이다. 그렇다면 나의 몸값은 어느 정도인가를 따져보는 것은 꼭 필요한 일이다.

언뜻 '지금 다니고 있는 직장에서 받고 있는 연봉 정도가 나의 몸값이 아닐까?'라고 생각하지만 결코 그렇지 않다. 오히려 지금의 직장을 지금 당장 그만 두었을 때 내가 다시 창출할 수 있는 연봉이야말로 진짜 몸값이라 할 수 있는 것이다. 교보생명의 신창재 회장은 "우리 회사의 총 가치는 우리 직원들이 회사를 그만두고 나갔을 때 외부 노동 시장에서 받을 수 있는 총 연봉의 현재 가치와 같다."고 말한 바 있다.

프로 스포츠 시즌이 끝나면 FA(Free Agent) 시장이 형성된다. 즉, 소속 구단과의 계약이 끝나 자유 계약을 할 수 있는 선수들이 새로운 구단과 계약을 한다. 대어급 선수들이 최고의 몸값을 받게 될 때마다 언론의 빅 뉴스가 된다. 하지만 그것은 일부 선수의 이야기고, 또 한편에 있는 선수들에게는 오히려 무덤이 되기도 한다. 계약을 하고자 하는 어떤 구단도 만나지 못하면 선수 생활을 마쳐야 하기 때문이다. 내가 '만약 지금 자유계약 선수가 된다면'이라고 가정을 한다면 어떤 답을 얻을 수 있는가? 몸값을 충분히 인정받고 더 좋은 기회와 연봉을 얻을 수 있다면 자기경영에서 성공한 것이라 할 수 있지만, 영 자신이 없다면 문제 상황이 아닐 수 없다. 우선 다음 쪽에 있는 프로페셔널 레벨 테스트 항목을 가벼운 마음으로 체크해 보기 바란다.

결과를 해석하려면 우선 Yes에 해당하는 숫자가 몇 개인지 확인해야 한다. 일반적으로 Yes는 긍정적 표현으로 사용된다. 하지만 이번 검사에서는 부정적인 것을 나타낸다. 즉, Yes 숫자가 적으면 적을수록 프로페셔널로서의 수준은 높은 것이다.

Yes 숫자가 하나 이하이면, 이미 높은 수준에서 프로페셔널이라 할 수 있다. Yes 숫자가 2에서 4개 사이면 지금 페이스로 꾸준히 노력하면 현재 몸값을 유지할 수 있는 수준이다. Yes 숫자가 5개에서 6개 사이면 방심하면 어려워질 수 있는 수준이다. Yes 숫자가 7~8이면 황색 경보 상황으로 새로운 도전이 필요한 수준이다. 끝으로 yes 숫자가 9~10이면 적색 경보 상황으로 지금 상황에서는 기대할 것이 없는 신세라 할 수 있다.

물론 위의 테스트 문항만 가지고 다양한 환경 속에서 일하는 사람들의 수준을 결정 지을 수는 없다. 그러므로 진단 결과를 그대로 받아들일 필요는 없으며 '나는 어느 정도 수준의 프로페셔널인가?'를 생각할 수 있는 계기가 되면 충분하다.

지식근로자의 수명 연장을 예고한 피터 드러커의 이야기대로 근로 수명이 조직의 수명보다 길어지는 시대에 자신의 몸값을 점검하고 몸값을 올리기 위한 노력은 선택이 아니라 필수다.

Check Point | 프로페셔널 레벨 테스트

|1| 지금 하고 있는 일은 나 아니라도 누구든지 할 수 있다. (Yes, No)
|2| 지난 해와 비교하여 업무 성과가 달라진 것이 없다. (Yes, No)
|3| 회식 자리에 주 3회 이상 참여한다. (Yes, No)
|4| 연봉제보다는 과거의 연공 서열에 의한 방식이 좋다. (Yes, No)
|5| 내가 생각하는 아이디어를 효과적으로 설명하지 못한다. (Yes, No)
|6| 나는 남들에 비하여 차별화된 능력(핵심 역량)이 없다. (Yes, No)
|7| 바빠서 자기계발에 필요한 시간을 할애하지 못한다. (Yes, No)
|8| 건강관리를 하지 못한다. (Yes, No)
|9| 나는 전에 비해 일에 대한 열정이 부족해진 것 같다. (Yes, No)
|10| 솔직히 나는 평생 동안 헌신할 인생에 대한 비전이 없다. (Yes, No)

> 개인의 평균 수명 및 평균 근로수명, 특히 지식근로자의 평균 근로수명은 매우 급속도로 증가한 반면, 고용기관의 평균 존속 기간은 실질적으로 감소하고 있다. 따라서 점점 더 많은 사람들, 특히 지식근로자들은 그들의 고용기관보다 더 오래 살게 될 것이다.
>
> —피터 드러커 Peter F. Drucker

업무성과는 목표달성능력에 달려있다

지적 수준이 높다고 해서 일을 잘 하는 것은 아닙니다.
당신은 높은 성과를 올리는 사람들의
업무적 습관을 가지고 있습니까?

　모든 조직은 조직에 속한 사람들이 조직이 원하는 목표를 달성해 주길 바라고 있다. 그러나 조직에서 요구하는 높은 성과를 올리는 사람은 그리 많지 않은 것이 사실이다. 현대 조직에는 머리가 좋고, 공부를 많이 한 사람이지만 자신의 업무에서 성과를 올리지 못하는 사람을 찾는 것은 그리 어려운 일이 아니다. 반대로 지적 역량이 부족하지만 동화 속의 거북이처럼 쉬지 않고 앞으로 나아가 목표 지점에 도달하는 사람도 있다. 물론 지적 능력이 뛰어난 사람 중에는 높은 성과를 올리는 사람도 많다. 하지만 결론적으로 지적 역량과 업무성과 사이에는 높은 관련성이 없다.

　높은 성과를 올리는 사람이 되기 위해서는 지적 자원을 생산적으로 활용하는 체계적 작업, 즉 목표달성능력이 요구된다. 목표달성능력이란 말 그대로 목표를 달성하는데 요구되는 역량으로 투입 자원을 생산적으로 활용해 더 좋은 결과를 얻기 위한 수단이며 업무수행 습관이다. 피터 드러커는 그의 저서 《자기경영 노트(The Effective Executive)》에서 목표달성을 위한 습관적 능력을 5가지로 정리했다.

첫째, 활동의 초점을 외부 세계에 맞춘다. 즉, 목표를 달성하는 사람들은 자신의 노력을 업무 그 자체가 아니라 결과에 연결시킨다. 그들은 '내가 창출해야 하는 것으로 기대되는 것은 무엇인가?' 라는 질문으로부터 출발하지, 일하는 방법과 도구는 말할 것도 없고, 해야 할 일이 무엇인가 하는 것부터 시작하지 않는다.

둘째, 자신의 시간이 어떻게 사용되고 있는지 안다. 목표를 달성하는 사람들은 자신이 통제할 수 있는 시간이면, 그것이 아주 미미한 시간이라도 체계적인 관리를 통해 활용한다.

셋째, 강점을 바탕으로 성과를 낸다. 목표를 달성하는 사람들은 자신의 강점, 상사, 동료, 부하의 강점, 그리고 그때 그때의 상황에 따른 강점을 바탕으로 한다. 약점을 기반으로 성과를 올릴 수는 없다. 그들은 어찌할 수 없는 것을 가지고 시작하지 않는다.

넷째, 중요한 일에 집중한다. 목표를 달성하는 사람들은 업무의 우선순위를 스스로 결정하고, 그 결정을 고수한다. 그들은 중요한 일을 먼저 하는 것 이외에 달리 선택의 여지가 없음을 잘 안다. 그러므로 두 번째로 중요한 일은 결코 하지 않는다. 그렇게 하지 않으면 아무것도 이룰 수 없다.

다섯째, 목표 달성을 위한 의사결정을 내린다. 목표를 달성하는 사람은 다양한 의견에 기초하여 판단하며 근본적인 의사결정을 한다. 그들은 목표를 달성하는 의사결정이 체계적 절차라는 것을 알고 올바른 순서에 따른 올바른 단계를 밟는다.

이상의 목표달성능력은 특별한 재능을 요구하지 않는다. 누구나 실행에 옮기고 꾸준히 반복하면 몸에 익힐 수 있는 습관적 능력이다. 일반적으로 운전면허 시험에 합격했다고 해서 운전을 능숙하게 하지 못한다. 이후 꾸준하게 운전을 하면 어느 정도의 운전 실력을 갖게 되는 것처럼 목표달성능력은 그 방법을 배우고 꾸준한 실천을 통해 습득된다.

개인 간 목표달성능력의 차이는 눈에 보이지 않지만, 업무성과의 차이를 만들고, 더 나아가 인생의 질적 차이를 만드는 개인 경쟁력 요소이다. 지식근로자의 목표달성능력 개발은 21세기 조직이 가장 우선적으로 추구해야 할 과제이다.

Check Point | 5가지 실행 능력 – 목표를 달성하기 위해 익혀야 할 습관적인 능력

- 목표를 달성하기 위해 익혀야 할 습관적인 능력

|1| 활동의 초점을 외부 세계에 맞춘다.

|2| 자신의 시간이 어떻게 사용되고 있는지 안다.

|3| 강점을 바탕으로 성과를 낸다.

|4| 중요한 일에 집중한다.

|5| 목표 달성을 위한 의사결정을 내린다.

> 성과를 올리는 사람과 그렇지 못하는 사람의 차이는 재능이 아니다. 몇 가지 습관적인 자세와 기초적인 방법을 몸에 익히고 있는가, 그렇지 못한가의 문제이다.
>
> *–피터 드러커Peter F. Drucker*

성과를 올리는 사람에게는 뭔가 있다

정해진 시간 안에 많은 일을 하면서 높은 성과를 올리기 위해서는
효과적으로 업무를 수행하기 위한 노력이 필요합니다.
당신은 지금까지 어떤 노력을 해왔습니까?

앞서 밝힌 대로 목표달성능력은 재능이 아니라 습관이다. 피터 드러커는 "목표달성능력은 반드시 배워야만 한다.(Effectiveness must be learned.) 또한 배울 수 있는 것이다."라고 말했다. 목표달성능력의 내용을 배운 후에는 어린 시절 구구단을 배워 익힐 때처럼 실행을 반복하여 자신의 몸에 붙을 수 있도록 습관화해야 한다. 그렇게 되면 매우 높은 수준의 목표달성능력을 갖게 되고, 보통 사람들도 높은 성과를 올리는 사람이 될 수 있다. 피터 드러커가 주장하는 5가지 목표달성능력을 중심으로 '효과적 지식근로자의 7가지 원칙'을 제시한다.

원칙1. 공헌에 초점을 맞추고 정기적으로 피드백한다.

높은 수준의 지식근로자가 되기 위해서는 조직에 공헌할 수 있는 자신의 책임을 분명히 하고, 자신의 성과에 관한 정기적인 피드백을 통해 그 수준을 지속적으로 향상시켜야 한다. 지식근로자에게 가장 중요한 것은 무엇이 수행해야 할 올바른 일인지 결정하는 것이다.

원칙2. 자신의 시간을 알고 중요한 일에 집중한다. 효과적 지식근로자는 자신의 시간 기록을 통해 낭비 없이 시간을 관리하고, 지금 시점에서 가장 중요한 일을 집중적으로 수행한다. 시간 관리의 목적은 중요한 일을 하기 위한 시간을 확보하는 것이다.

원칙3. 집중할 수 있는 업무환경을 유지한다. 높은 성과를 올리는 지식근로자가 되기 위해서는 집중할 수 있는 깨끗한 환경과 필요한 정보를 즉시 활용할 수 있는 체계적 정보관리 시스템을 유지하고 있어야 한다.

원칙4. 효과적인 업무수행 원칙을 활용한다. 효과적으로 일하는 사람은 일의 과정을 통해서 얻은 경험을 바탕으로 유사 업무상황에서 고민 없이 올바른 의사결정을 할 수 있는 업무 원칙을 가지고 있다. 또한 효과적 업무결과를 만드는 업무스킬의 노하우를 축적해야 한다.

원칙5. 생산적인 인간관계를 형성한다. 높은 수준의 목표를 달성하는 사람은 업무적 관계에서 인간관계를 상호 힘이 될 수 있는 생산적 관계로 형성하여, 상호의 목표 달성에 도움을 얻고 상호 성장해 나간다.

원칙6. 자신과 타인의 강점을 활용한다. 인정받을 수 있는 성과를 올리는 사람은 자신이 가진 강점을 활용하는 사람이며, 자신이 가지지 못한 부분은 타인의 강점을 활용하고 있다. 높은 성과는 오직 강점으로만 가능한 것이다.

원칙 7. 자기 성장에 책임을 진다. 진정으로 효과적인 사람은 일에서 높은 성과를 올리는 것을 넘어 인생의 목표를 달성하고, 가치 있는 삶을 살아가기 위해 자기계발 노력을 쉼 없이 하고 있다. 사람은 오직 자신 만이 스스로를 효과적인 인간으로 만들 수 있으며, 그 어느 누구도 그것을 대신해 줄 수 없다.

이상의 '효과적 지식근로자의 7가지 원칙'의 본질은 실행을 반복해서 몸에 붙여야 하는 습관이다. 앞으로 책의 내용은 7가지 원칙을 중심으로 전개된다.

> **Check Point | 효과적인 지식근로자의 7가지 원칙**
>
> |1| 공헌에 초점을 맞추고, 정기적으로 피드백한다.
> |2| 자신의 시간을 알고, 중요한 일에 집중한다.
> |3| 집중할 수 있는 업무환경을 유지한다.
> |4| 효과적 업무수행 원칙을 활용한다.
> |5| 생산적인 인간관계를 형성한다.
> |6| 자신과 타인의 강점을 활용한다.
> |7| 자기성장에 책임을 진다.

> 일 잘하는 사람은 자신이 많은 일을 하지 않으면 안된다는 것을 안다. 그리고 그것을 효과적으로 하지 않으면 안된다는 것도 알고 있다. 효과적 업무 수행에 대한 노력의 차이는 결국 업무 성과의 큰 차이를 만든다.
>
> *— 피터 드러커 Peter F. Drucker*

Chapter · 03

최고들의
자기관리법 1

원칙 : 공헌에 초점을 맞추고
정기적으로 피드백한다

당신은 지금 무슨 일을 하고 있습니까?

당신은 지금 '업무의 강도', '업무에 대한 능력'
그리고 '업무의 성과' 중에 어디에 초점을 맞추고 있습니까?

돌을 깎고 있는 세 사람의 석공이 "지금 당신은 무슨 일을 하고 있습니까?"라는 똑같은 질문을 받았다. 첫 번째 석공은 힘들고 지친 표정으로 "먹고 살려고 일하고 있습니다."라고 했다. 두 번째 석공은 같은 질문에 하던 일을 멈추고 "제가 이 나라 최고의 석공입니다." 하며 어깨를 으쓱하며 말했다. 세 번째 석공은 묵묵히 하던 일을 계속하며 "성당을 짓고 있습니다."라고 했다. 세 사람의 석공 가운데 누가, 자신이 어디에 공헌해야 하는지를 알고 있는지를 우리는 금방 구별할 수 있다.

피터 드러커는 "성과를 올리는 사람은 공헌에 초점을 맞춘다. 그는 내가 속해 있는 조직의 성과와 결과에 큰 영향을 미치는 것으로서 내가 공헌할 수 있는 것은 무엇인가?"라는 질문을 스스로에게 던져야 한다. 그는 자신의 책임에 중점을 두고 일하지 않으면 안 된다."라고 말하면서 공헌에 초점을 맞추는 것이 목표달성을 위한 가장 중요한 열쇠임을 강조했다. 자신이 공헌해야 할 올바른 목표를 찾는 것은 일하는 사람으로서 가장 중요한 일이다. 주변에 전문가가 많지만 성과를 내지 못하는 이유는 바로 이것이다.

어느 회사의 교육담당자가 급한 사정으로 경리부서에 달려갔다. 그는 숨도 돌리지 않고 말했다. "급하게 지급할 상황이어서 담당 이사님의 결재를 받아 왔습니다. 지금 즉시 지급 부탁드립니다." 하지만 경리부서의 직원은 느릿하게 얘기했다. "죄송합니다만, 우리 부서 팀장님은 하루에 한 번만 결재하시고, 결재된 다음날 지급하는 것이 원칙입니다." 하지만 만일 경리부서 직원이 자신의 공헌에 초점을 두고 있었다면 이렇게 말했을 것이다. "잠시만 기다려 주세요. 제가 지금 팀장님께 즉시 보고하고 처리해 드리겠습니다."

만일 당신이 CEO로서 부하 관리자 중에서 몇 사람을 해고해야 하는 상황에 처하게 되었다고 가정해보자. 임의로 해고할 수는 없기에, 그 근거를 찾기 위해 다섯 명의 관리자에게 "당신이 급여를 받은 대가로 무슨 일을 하고 있습니까?"라는 질문을 던졌다. 그들은 다음과 같이 답했다. 첫 번째 관리자는

"내 밑에는 200명이 넘는 직원이 있습니다."라고 했다. 두 번째 관리자는 "판매 목표를 달성하고자 노력하고 있습니다." 세 번째 관리자는 "고객들이 장차 필요하게 될 제품을 찾아내는 것이 저의 책임입니다." 네 번째 관리자는 "영업 팀을 책임지고 있습니다." 다섯 번째 관리자는 "다른 관리자들이 올바른 의사결정을 내는 데 필요한 정보를 제공하는 것이 나의 일입니다."라고 했다. 이상 다섯 명의 관리자 중 부득이 해고를 해야 한다면, 어떤 사람을 해고해야 할까? 답은 첫 번째와 네 번째 사람이다. 왜냐하면 그들은 공헌에 초점을 맞추지 않고 있기 때문이다. 그 사람의 지위가 아무리 높다 해도, 공헌과 책임보다는 노력과 권한에 초점을 맞추는 사람이라면 리더가 될 수 없는 것이다.

세계 최고 수준의 프로 축구 구단인 영국 맨체스터 유나이티드 팀에서 성공적으로 활동하고 있는 박지성이 "거액의 연봉을 받는 대가로 무슨 일을 하고 있습니까?"라는 질문을 받는다면, "나는 팀 안에서 가장 연습을 많이 하고, 경기장에서 누구보다 열심히 뛰고 있다."라고 말해서는 안 된다. "나는 팀 승리에 공헌하기 위해 공격형 미드필더로서 공격수에게 슈팅 찬스를 만들어 주거나 기회가 생기면 직접 슈팅을 하기 위해 최선을 다하고 있다."라고 얘기해야 한다. 실제로 그가 어떻게 대답할지는 알 수 없다. 하지만 분명히 그는 그렇게 하고 있을 것이다.

Check Point | 지식근로자의 공헌

- 당신에게 지금 무슨 일을 하고 있냐고 묻는다면, 어떻게 답하겠습니까?

☐ 할 일이 많고 힘들지만 월급 받으려면 할 수 없죠.

☐ 저의 업무 결과는 늘 완벽합니다.

☐ 고객(나의 성과물이 필요한 사람)이 요구하는 성과를 올리기 위해 노력하고 있습니다.

> 목표를 달성하는 사람들은 공헌에 초점을 맞춘다. 그들은 자신이 지금하고 있는 일보다 더 높은 곳에 있는 것을 지향하고 또한 목표를 달성하기 위해 외부로 눈을 돌린다.
>
> —피터 드러커 Peter F. Drucker

공헌 문장을 만들자

효과적인 지식근로자가 되기 위해서는
공헌에 초점을 맞추어야 합니다.
당신은 공헌 문장(업무적 미션)을 가지고 있습니까?

 일을 잘하기 원하는 사람은 '조직에 공헌하기 위해 내가 책임을 져야 하는 것은 무엇인가?'에 대한 답을 가지고 있어야 한다. 그렇지 않으면 스트레스 받으며 바쁘게 일한 결과가 아무 의미가 없을 수도 있다. 효과적으로 일하는 사람은 자신의 공헌에 관한 질문에 대한 답을 공헌 문장으로 해결할 수 있다.

 공헌 문장을 만들기 위해서는 시스템 모델에 대한 이해가 우선 필요하다. 시스템이란 원래 생물학에서 나온 개념이지만 흔히 유기체로 설명되는 조직에 적용하면 딱 들어맞는다. 조직에 적용하는 시스템 모델이란 인풋(투입요소)을 바탕으로 프로세스를 진행하고, 그 결과로의 아웃풋(산출요소)을 고객에게 제공하는 구조를 이루는 모델이다. 시스템 모델의 적용

예를 들면, 버스 회사의 경우에 고객은 승객이다. 그 고객을 만족시키기 위한 아웃풋은 빠르고, 안전하고, 편안하고, 경제적인 운행 서비스이다. 즉 조직은 고객을 만족시킬 수 있는 제품과 서비스를 제공하기 위한 프로세스를 진행하는 시스템으로 이해할 수 있다. 이러한 시스템 모델은 부서 차원에도 잘 적용된다. 조직의 교육부서의 예를 들자. 교육부서의 고객은 다른 부서이다. 교육부서는 '다른 부서의 요구를 만족시키기 위해 그 부서가 요구하는 수준까지 능력을 가진 사람'이라는 성과를 만들어 제공해야 한다. 개인 수준에서도 시스템 모델을 이용할 수 있다. 우선 나의 고객이 누구인가를 생각하면 내가 어떤 역할자인지, 결과적으로 어떤 성과를 만들기 위해 책임과 역할을 다해야 하는지에 대한 답을 찾을 수 있다.

이러한 시스템 모델을 이용하면 공헌 문장을 만들 수 있다. 우선 가정주부의 공헌 문장을 만들어 보자. 가정주부로서 고객은 식구들이 된다. 그 다음으로 고객인 식구들에게 무엇을 제공해야 책임을 다하는 것인지를 생각해 보면, 공헌 문장이 완성된다. 예를 들면 '나는 가정주부로서 식구들에게 건강한 생활과 즐겁고 편안한 시간을 제공한다.'가 될 수 있다.

이제 자신의 공헌 문장을 만들어 보자. 다음 쪽에 있는 워크시트를 활용하면 된다. 공헌 문장은 조직의 성과에 공헌하기 위해 어떤 책임을 다해야 하는지에 대한 지침이 된다. 이러한 지침은 내가 해야 할 일과 하지 말아야 할 일에 대한 기준이 되기 때문에 항상 초점을 유지하게 해주고, 올바른 목표를 달성할 수 있게 해준다. 참고로 나의 공헌 문장은 '나는 기업 교육 강사로서 학습자들(조직에서 일하는 사람들)에게 피터 드러커의 자기관리 원칙을 효과적으로 제공하고, 그들의 삶의 질을 향상 시키는 데 기여하는 것이다.' 이다. 이 문장은 내가 일하는 목적과 방향을 분명히 해주는 기능을 한다.

몇 가지 예를 살펴 보았듯이 공헌 문장은 업무적인 내용뿐만 아니라 개인적 삶에도 적용 가능한 노력이다. 자신의 역할에 관련해서 공헌 문장을 만들어 낼 수 있는 능력은, 보이지 않는 부분이지만 개인 경쟁력의 핵심 요소임에 틀림없다. 자신에게 주어진 모든 역할에서 올바른 목표를 설정하는 것이야말로 효과적인 삶의 출발점이기 때문이다.

그 동안 열심히 일해 온 것에 뿌듯하게 생각했지만, 중요한 일도 아니고 조직 성과에 기여도 못한 것이라면 문제가 아닐 수 없다. 자신의 공헌 문장을 만드는 것은 일하는 사람으로서 가장 먼저 해야 할 일이다.

Check Point | 공헌 문장 만들기

내가 속해 있는 조직의 성과와 결과에 큰 영향을 미치는 것으로서, 내가 공헌할 수 있는 것은 무엇인가?

나는 _____ 로서 (나의 역할)

   _____ 에게 (나의 고객)

   _____ 을 (고객이 요구하는 성과) 제공한다.

> 효과적인 지식근로자는 "내가 속해 있는 조직의 성과와 결과에 큰 영향을 미치는 것으로서 내가 공헌할 수 있는 것은 무엇인가?"라는 질문을 스스로에게 던져야 한다. 그는 자신의 책임에 중점을 두고 일하지 않으면 안된다.
>
> *— 피터 드러커 Peter F. Drucker*

공헌에 초점을 맞추어라

당신은 많은 시간을 들여 열심히 일했지만 의미 있는 결과를
만들지 못해 노력에 대한 인정과 보상을
받지 못한 적이 있습니까?

세상에 있는 많은 가르침 중에 한 가지는 초점을 맞추라는 것이다. 초점을 맞추지 못하면 만사가 허사가 될 수 있기 때문이다. 이 말은 비즈니스 세계에서도 예외일 수 없다. 일을 하는 사람들이 가장 먼저 해야 할 일은 공헌에 초점을 맞추는 것이다. 한 개인이 전체 조직의 성과를 책임질 수는 없다. 그러므로 '조직의 전체 성과에 공헌하기 위해 나는 어떤 책임을 져야 하는가?'라고 질문해야 한다. 주어진 일을 하기만 하면 결과가 나오는 일은 공헌을 생각하지 않아도 된다. 그러나 스스로 알아서 일을 하고, 조직에 가치 있는 목표를 달성해야 하는 지식근로자들은 '내가 누구에게 무엇을 제공해야 조직 성과에 공헌하는가?'를 분명히 정리해야 한다.

지식근로자의 생산성 향상을 연구한 피터 드러커의 중요한 메시지는 '공헌에 초점을 맞추고 집중하라'는 것이다. 그는 공헌에 초점을 맞추는 것이 목표 달성을 위한 가장 중요한 열쇠임을 강조했다. 공헌에 초점을 맞추는 것은 자기 자신이 하고 있는 일에서의 올바른 목표 달성을 가능하게 하고, 다른 사람들과의 관계, 즉 상사, 동료, 부하와의 관계에 있어서도 상호 목표 달성을 위한 생산적 관계를 형성하게 해준다. 결국 공헌에 초점을 맞추는 것이 목표 달성의 시작이며 끝이라 할 수 있다.

공헌에 초점을 맞추고, 집중하면 조직의 상하 커뮤니케이션이 좋아진다. 공헌에 초점을 맞추는 리더는 부하 직원들에게 그들 자신이 어떤 공헌을 해야 할지를 충분히 생각하게 한 후에, 부하직원이 생각하고 있는 공헌의 타당성을 판단하기 때문에 상하간의 효과적인 커뮤니케이션이 가능해진다. 물론 부하직원의 생각은 상사의 생각과 다르겠지만, 함께 공헌에 초점을 맞추는 노력만으로도 높은 성과를 올리는데 기여하는 의미 있는 커뮤니케이션이 된다.

또한 공헌에 초점을 맞추면 팀워크가 좋아진다. 공헌에 초점을 맞추게 되면 '누가 자신의 결과물을 활용할 것인가?'가 중요해지기 때문에 횡적인 커뮤니케이션, 즉 팀워크가 가능해진다. 축구 경기에서 선수들은 어느 포지션을 맡고 있던 자신의 역할이 팀 승리에 기여한다는 사실을 알고 있다. 그러므로 자신에게 온 공을 가장 적절한 곳에 패스함으로써 팀 승리를 향한 공동의 노력, 즉 팀워크가 이루어진다.

공헌에 초점을 맞추는 사람은 자기계발을 위한 노력을 한다. 그는 자신이 공헌해야 할 책임을 다하기 위해 보다 높은 수준의 목표를 설정하고 '내가 성과를 올리기 위해서는 어떤 지식과 기술을 배워야 하는가? 나의 강점 가운데 어떤 것을 활용해야 하는가?'라는 질문을 하면서 자신을 성장시켜간다.

더불어 공헌에 초점을 맞추는 사람은 높은 기준의 목표를 달성하기 위하여 함께 일하는 다른 사람들도 자기계발을 하도록 촉진하는 역할을 수행한다. 최고 수준의 팀 목표를 달성하는 진정한 시너지는 최고의 역량을 가진 사람이 모였을 때 가능한 것이다. 공헌에 초점을 맞추면 상호 성장에 기여하는 생산적 관계가 형성되고, 그 결과로 인간관계가 좋아진다.

공헌에 초점을 맞추는 것이야말로 일에서 만사형통의 결과를 만드는 올바른 길이다. "나는 누구에게 무엇을 제공해야 조직에 공헌하는 것인가?"라는 질문을 던지면, 일하는 사람으로서 고민해야 하는 대부분의 문제에 대한 답을 찾을 수 있다.

Check Point | 공헌에 초점을 맞추면

- 올바른 목표를 달성하게 된다.
- 커뮤니케이션이 좋아진다.
- 팀워크가 좋아진다.
- 자기계발을 하게 된다.
- 다른 사람의 성장을 돕는다.
- 인간관계가 좋아진다.

> 공헌에 초점을 맞추는 것은 목표 달성을 위한 가장 중요한 열쇠이다. 자신이 하고 있는 업무의 내용, 수준, 기준, 영향력의 측면에서 그리고 상사, 동료, 부하직원과의 관계에서도 공헌에 초점을 맞추는 것이 목표 달성의 관건이다.
>
> —피터 드러커Peter F. Drucker

성과란 무엇인가

일하고 있는 사람들이 자주 사용하고 있는 말 중에는
결과(output)와 성과(Performance)가 있습니다.
당신은 두 단어의 차이를 아십니까?

'Performance'란 단어는 비즈니스 세계에서 가장 많이 사용되는 말 가운데 하나이다. 그러나 한편으로 그 뜻을 정확하게 알기 어려운 단어이다. 주로 성과, 수행 등으로 번역되어 사용되지만 우리 말로 옮기기 어려울 때는 영어 발음 그대로 '퍼포먼스'라고 쓰기도 한다. 그 외에 연기, 연주 등의 뜻도 있다.

퍼포먼스(이하 성과)의 개념을 설명하는 공식으로 P = A + B가 있다. Performance = Achievement + Behavior이다. 이 공식에 의하면 성과는 어떤 결과이며, 또한 그 결과를 만들기 위한 행동이다. 예를 들어 고속버스 운전기사의 성과는 버스를 운전하는 행동과 승객을 목적지에 무사히 도착시키는 결과 모두이다. 결국 성과는 행동과 결과를 모두 포함하는 말이다.

중요한 것은 결과가 단순히 결과 그 자체를 의미하지는 않는다는 것이다. 여기서 결과는 고객을 만족시키는 가치 있는 결과를 말한다. 만일 고속버스를 타고 온 승객이 목적지에 도착은 했지만 버스를 타고 오는 동안의 서비스에 불만족했다면 다음 번에는 다른 회사의 버스를 이용할 것이다. 결국 운전 기사의 노력은 성과로 완성되지 못한 것이다. 다른 예로 누군가 보고서를 완성했다고 하자. 그는 분명히 결과를 만들었다. 그러나 그 결과가 성과가 되기 위해서는 그 보고서를 이용하여 다음 성과를 만드는 사람에게 기여할 만한 가치가 있어야 한다.

열심히 노력하면 누구나 결과는 만들 수 있지만, 그것이 반드시 성과라 할 수는 없다. 조직의 성과도 마찬가지다. 조직이 만들어 내는 최종 결과물인 상품과 서비스가 가치 있는 결과로써 인정받지 못하면, 즉 고객이 만족하지 못하면 성과라 할 수 없다. 경영학의 아버지로 불려진 피터 드러커의 말대로 조직에서 발생하는 것은 노력과 비용뿐이다. 성과야말로 세상을 움직이는 핵심이며, 비즈니스의 중심이라 할 수 있다.

1990년대 이후 교육훈련의 새로운 흐름으로 등장한 수행공학(Performance Technology)은 높은 성과를 지향하는 사회로의 흐름에서 나온 것이라 할 수 있다. 수행공학이란 조직성과에 연결된 개인의 성과 문제, 즉 조직이 요구하는 업무성과 수준과 현재의 수준의 차이를 규명하고 그 원인에 따른 해결책을 찾는 방법론이다. 또한 조직에서 필요한 교육이 무엇인가를 결정할 때 과거에는 직무를 수행하는데 필요한 지식이 무엇인지를 바탕으로 판단했다. 그러나 최근에는 조직성과에 관련된 핵심 업무성과가 무엇인지와 핵심 역량이 무엇인지를 결정하고 직접 성과에 기여할 수 있는 교육을 실시하고 있다.

올바른 목표의 달성을 강조한 피터 드러커는 "효과적인 지식근로자는 공헌에 초점을 맞춘다. 즉, 작업 그 자체에서부터 결과로, 전문분야로부터 성과가 드러나는 외부세계에 초점을 맞춘다."라고 했다. 결국 성과가 존재하는 유일한 장소는 외부 세계이며, 아무리 전문적인 결과라 할지라도 내부적인 결과에 머무르면 성과라 할 수 없는 것이다. 그러므로 일하는 사람이 가장 먼저 할 일은 자신이 궁극적으로 어떤 성과에 '공헌' 해야 할지를 명확하게 알고, 그곳에 초점을 맞추는 것이다.

Check Point | 업무적 결과와 성과

- 당신의 업무적 결과는 성과로 인정 받고 있습니까?

☐ 항상 높은 성과로 평가받고 있다.
☐ 노력에 비해 그 결과를 인정받지 못할 때가 많다.
☐ 대부분의 경우 성과로 인정받지 못하고 있다.

• 그렇지 못하다면 그 이유는 무엇이라고 생각합니까?

> 효과적인 지식근로자는 공헌에 초점을 맞춘다. 즉, 작업 그 자체에서부터 결과로, 전문분야로부터 성과가 드러나는 외부세계에 초점을 맞춘다.
>
> —피터 드러커 Peter F. Drucker

성장하는 사람은 발전적 반성을 한다

조직에 공헌하며 자신을 성장시키는 사람은
목표 달성을 위해 노력하고 그 결과에 대해
발전적 반성을 지속합니다.
당신은 중요한 성과에 대해 피드백 활동을 하고 있습니까?

　

삼성그룹 故이병철 회장에 관한 일화이다. 삼성그룹 계열사 K사장이 이병철 회장에게 제출한 보고서를 검토한 이 회장이 "200억 적자네."라고 하자, K사장은 당황하며 "아닙니다. 300억 흑자입니다."라고 했다. 언뜻 이상하지만 500억 흑자가 목표였는데, 목표를 달성하지 못했다는 이야기다. 이병철 회장은 K사장에게 처음 하는 사업에서 흑자를 낸 것은 인정하지만 목표를 달성하지 못한 것에 대한 반성이 없는 것에 대해 꾸짖었다고 한다. 그러면서 "대개 성장하는 사람은 일을 시작하기 전에 예상되는 결과를 먼저 그려놓기 마련이지. 1년 후면 1년 후에 예상된 결과와 실제로 나타난 결과를 비교해서 왜 그렇게 되었는가를 반성해 본다 말이야."라고 했다.

실제로 성장하는 사람은 목표를 중심으로 한 발전적 반성, 즉 피드백 분석 활동을 하는 사람들이다. 자신의 일에서 진정으로 높은 성과를 올리기를 원한다면 자신이 산출해야 할 업무성과와 관련하여 꾸준하게 피드백 분석을 해야 한다. 지속적인 피드백 분석을 통해 개선해 온 결과물은 다른 사람이 따라오기 힘든 높은 수준의 성과가 된다.

지식근로자의 혁신적 생산성을 강조한 피터 드러커는 그의 저서 《프로페셔널의 조건》에서 자신의 인생을 바꾼 경험에서 얻은 교훈의 한 가지로 '자신의 일을 정기적으로 검토하라'고 했다. 피터 드러커는 20대 초반에 독일의 유력 신문사에서 일했는데, 당시 편집국장은 1년에 2번 토요일 오후에서 일요일 저녁까지 6개월간의 성과에 대해 토론했다. 그 토론에서는 우리가 잘한 일부터 시작해서 우리가 잘하려고 노력한 일, 우리가 잘하려고 충분히 노력하지 않은 분야, 그리고 우리가 잘못했거나 실패한 분야에 대해 논의했다. 그리고 마지막 2시간 동안에 앞으로 6개월 동안 해야 할 일에 대해 계획을 했는데 우리가 집중해야 할 일, 우리가 개선해야 할 것, 우리들 각자가 배워야 할 것 등에 대해서 정리했다. 이후 피터 드러커는 자신의 주요 성과를 정기적으로 피드백했으며, 자신이 계속해서 성장할 수 있었던 이유로 설명하고 있다.

어떤 일이 끝나고 나면 반드시 피드백 분석을 해야 한다. 바쁘다 보면 그냥 건너뛰기가 일쑤인데, 그것은 마치 바쁘다는 이유로 무딘 톱을 사용하여 계속 나무를 베는 것과 다르지 않다. 정기적으로 피드백 분석을 하기 위해서는 피드백 활동을 업무 프로세스에 포함시켜야 한다. 여기서 중요한 것은 피드백 분석의 항목을 만들어 놓는 것이다. 그러면 특별한 고민 없이 바로 피드백 분석 활동을 진행할 수 있다. 피드백 분석의 항목은 체크리스트의 형태로 만들어질 수 있으며, 피드백 활동 과정을 통해 개선되고 정교화되면서 결과적으로 높은 성과를 지원하는 시스템으로서 기능하게 된다.

피드백 분석을 통해 얻을 수 있는 또 하나의 결과는 자신을 보다 정확하게 알게 된다는 것이다. 자신의 강점이 무엇인지, 자신의 약점이 무엇인지, 어떤 식으로 일을 하고 있는지 등과 같은 자신을 이해하는 정보를 수집할 수 있다. 이러한 정보를 바탕으로 자신이 무슨 일을 어떤 방식으로 해야 할지에 대해 올바른 판단을 할 수 있다면, 지식근로자로서 최고의 생산성과 성과를 올릴 수 있는 가능성을 찾은 것이다.

육체 노동자의 생산성은 소수 엘리트 또는 경영자들에 의해 만들어졌지만, 지식근로자의 생산성은 경영자의 손에 달려 있지 않다. 거의 대부분은 지식근로자 자신의 손에 달려 있다.

결국 지식근로자간의 능력 차이는 지속적인 피드백 분석 활동의 산물이다.

Check Point | 업무성과 피드백

성과명 : _____
기　간 : _____

- 잘한 일

　_____

- 더 잘했어야 한 일

　_____
　_____

- 잘못한 일 또는 실패한 일

　_____

- 그 이유

　_____
　_____

- 집중해야 할 일

　_____
　_____

- 개선해야 할 일

- 배워야 할 것

> 효과적인 지식근로자는 모든 과업과 업무성과를 정기적으로 점검한다.
>
> —피터 드러커 Peter F. Drucker

성과 피드백 체크리스트를 만들자

자신의 중요한 성과를 피드백할 수 있는 체크리스트는
일을 잘하는 사람의 생산성 노하우입니다.
당신은 얼마나 많은 피드백 체크리스트를 가지고 있습니까?

　내가 하는 일은 크게 회사 직원을 대상으로 하는 강의, 직원 교육 프로그램 개발, 칼럼 쓰기, 인터넷 카페 운영이다. 그 가운데 가장 주가 되는 일은 강의이다. 그래서 나는 무엇보다도 강의에서 높은 성과에 도전해야 한다. 강의 활동에 대한 성과는 학습자들이 교육목표를 달성하도록 하는 것이다. 하지만 실제로는 강사에 대한 교육생들의 평가가 더 중요할 때가 많다. 교육을 마치고 난 후에 실시되는 교육 평가에서 좋은 평가를 받지 못하면 그 회사와의 관계는 그것으로 끝날 수 있다.

　그러다 보니 강의를 직업으로 하는 사람들에게는 큰 딜레마가 있다. 즉 '재미를 위주로 할 것이냐? 내용의 질에 비중을 둘 것이냐?'가 그것이다. 물론 나는 답을 알고 있다. 내용과 재미, 그 두 가지 모두에서 학습자를 만족시키는 것이 강사로서의 최고 성과다. 그런데 장시간 동안 학습자들이 흥미를 잃지 않게 하며 집중을 시킨다는 것은 결코 쉬운 일이 아니다. TV 쇼 프로그램에 등장하는 개그맨이나 가수들은 약 5분 정도만 관객을 집중시키면 되지만, 산업 교육 강사는 경우에 따라 20시간 이상 지속적으로 집중을 시켜야 한다. 타고난 입심을 가지고 있다고 하더라도 2시간 이상을 집중시키는 것은 어렵다. 그렇기 때문에 강의 성과는 그만한 준비와 노력이 없으면 만들어지지 않는다.

그래서 난 강의 성과를 높이기 위한 노력으로 강의가 끝나면 따로 시간을 내어 반드시 피드백 분석을 한다. 그 내용은 다음과 같다. 첫째, 학습자들의 전체적인 반응은 어땠는가? 둘째, 학습자의 질문은 무엇이었는가? 셋째, 담당자의 피드백 내용은 무엇인가? 넷째, 개선해야 할 점은 무엇인가? (오타, 내용, 방법, 파워포인트 내용, 교재 관련) 다섯째, 연구가 필요한 부분은 무엇인가? 이다. 강의를 마치고 나면 홀가분한 느낌에 순간 아무것도 하고 싶지 않지만, 피드백 분석 활동으로 마무리를 지으면 그 다음 강의를 미리 준비한 셈이 되어, 훨씬 마음이 편하다. 이외에도 나는 높은 성과를 내야 하는 일에 관련해서는 그 일의 프로세스 안에 피드백 활동을 포함시킨다.

피터 드러커는 "나는 여름만 되면 2주일간 시간을 따로 할애해서 지난 1년 동안 내가 한 일을 검토하고 있는데, 처음에는 내가 비록 잘했지만 더 잘할 수 있었거나 또는 더 잘했어야 하는 일을 검토하고, 그 다음에는 내가 잘못한 일, 마지막으로 내가 했어야만 했는데도 하지 않을 일을 차례로 검토한다."고 말했다. 그렇게 수립한 계획에 맞추어 충실하게 생활한 적은 한번도 없었다고 고백했지만 완벽을 위한 지속적인 노력이 그를 시대의 거장으로 기억하게 하는 이유일 것이다.

이전 글에서 제시한 피드백 분석 체크리스트의 기본형을 바탕으로 자신의 업무성과에 맞는 형태로 자신만의 피드백 분석 체크리스트를 만들어 보기 바란다. 피드백 분석 활동이야말로 지식근로자 생산성의 핵심이다. 그러므로 한 개인이 얼마나 많은 피드백 분석 체크리스트를 가지고 있느냐는 개인 경쟁력의 보이지 않는 지표가 된다.

Check Point | 강의 활동 피드백 체크리스트

- 학습자들의 전체적인 반응

- 학습자의 질문

- 담당자의 피드백

  _____

- 개선 해야 할 점(오타 / 내용 / 방법 / 파워포인트 자료 / 교재)

  _____

- 연구가 필요한 부분

  _____

> 나는 매년 여름에 수립하는 계획에 맞추어 충실하게 생활한 적은 한번도 없지만, 나는 그 계획을 통해 완벽하기 위한 노력을 하면서 살고 있다. 비록 그 완벽이라는 것이 늘 나를 피해갔지만 말이다.
>
> —피터 드러커*Peter F. Drucker*

지식근로자는 스스로를 책임져야 한다

당신은 조직에 고용된 종업원입니까?
아니면 주도적으로 높은 성과를 올리며 조직과
협력관계를 유지하는 파트너입니까?

누구든지 조직의 경영자라면 직원들이 최고의 성과를 기대할 것이다. 그래서 모든 조직은 유능한 사람을 뽑기 위해 총력을 기울이고 있다. 가능한 기본 능력과 잠재 능력이 높은 사람을 선발하는 것이 조직 목표 달성의 수준을 높여 주기 때문이다. 그러나 좋은 사람을 선발하는 것은 목표 달성을 위한 시작점에 불과하다. 사람이 자신의 목표를 달성하기 위해서는 필요한 지식 또는 스킬(skill)이 있어야 한다. 그래서 조직에는 사람들에게 지식과 스킬을 제공하는 교육훈련 기능이 있다. 그러나 목표 달성에 필요한 지식과 스킬을 가지고 있다 하더라도 그들에게 높은 성과를 기대할 수는 없다. 왜냐하면 열심히 일하겠다는 마음, 즉 동기가 부여되지 않으면 사람들은 최선을 다하지 않는다. 마지막으로 사람들에게 조직이 요구하는 성과를 기대하기 위해서는 업무수행의 생산성을 올릴 수 있는 업무환경이 중요하다. 사무직 직원에게 최고 사양의 컴퓨터와 업무 절차표 등은 업무 성과 향상에 영향을 미치는 환경적 요소이다.

이 네 가지 요소, 즉 선발, 지식, 동기, 환경은 일을 하는 사람의 업무 성과 향상에 영향을 주는 요소이다. 그렇기 때문에 모든 조직은 좋은 사람을 뽑고, 질적인 교육을 실시하고, 동기부여 시스템을 개발하고, 최상의 업무 환경을 만들어 주기 위해 노력하고 있다.

그러나 직원들의 입장에서 보면 조직이 제공해 주고 있는 것 중 어느것 한 가지도 충분히 만족스럽지 못하다. 그 이유는 첫째, 대부분의 조직이 규모가 크고 상황이 복잡하기 때문이다. 직원들 각자에게 꼭 맞는 것을 제공해 주는 것은 한계가 있을 수밖에 없다. 두 번째 이유는 본질적인 문제로 일하는 사람 대부분이 육체노동자가 아니라 지식근로자이기 때문이다. 육체노동자인 경우는 선발 기준, 지식 또는 기능, 보상 시스템, 도구 및 환경 모두를 명확하게 할 수 있고 인원이 많더라도 문제가 없다. 그러나 지식을 활용하여 일하는 지식근로자의 경우는 지식 자원의 특성상 근본적으로 한계가 있다. 성과 향상

요소에 관련하여 조직이 제공해야 할 책임도 있지만 지식근로자 개인의 책임도 있다. 지식근로자는 스스로 자신의 기본 능력을 유지·발전시켜야 한다. 그리고 성과 산출에 필요한 지식을 스스로 습득하고 관리해야 한다. 뿐만 아니라 자신이 일을 하는 이유를 분명히 하고 스스로 동기를 부여해야 하며 보다 생산적으로 일하기 위한 업무 환경과 매뉴얼을 스스로 만들어야 한다.

누군가는 조직에 그렇게 충성해야 하냐고 의문을 제기할 수 있을 것이다. 그러나 그것은 조직에 기여하는 일인 동시에 자기 자신을 성장시키고 가치를 올리는 노력이 된다. 조직과 지식근로자는 더 이상 고용자와 고용된 자의 관계가 아니다. 그 둘 사이는 팽팽한 긴장감이 있는 파트너 관계이다. 그 관계는 상호 힘의 균형에 의해서만 유지될 수 있다. 만일 조직의 입장에서 볼 때 직원이 직무적으로 전문적이지 못하고 그 결과로 조직이 기대하는 성과를 산출하지 못한다면 그 관계는 지속될 수 없다. 물론 그 반대의 경우도 마찬가지이다. 직원 입장에서 볼 때 조직이 개인의 전문성 발휘의 기회를 제공하지 못하고 성장의 비전을 주지 못한다면 그 관계 역시 지속될 수 없다.

자신의 직무에서 생산적으로 일하고 높은 성과를 산출하는 효과적 지식근로자가 된다는 것은 자신이 속하거나 관계하는 조직에 공헌하는 일이며 동시에 긴 근로수명 동안 자신의 가치를 유지할 수 있는 21세기적인 힘을 갖는 것이다.

Check Point | 나와 조직과의 관계

- 당신과 조직과의 관계는
  □ 조직에 공헌하며 인정받는 파트너십을 유지하고 있다.
  □ 조직에 공헌하는 만큼 인정 받고 있지 못하고 있다.
  □ 조직에 공헌하는 것에 비해 높은 평가를 받고 있다.

- 조직과의 관계에서 균형 있는 파트너십이 유지되고 있지 않다면 어떻게 해야 할까?

> 지식근로자는 지식과 기술로 무장한 새로운 지배 계층으로 이들은 돈을 받고 노동을 파는 종업원이 아니라 조직과 협력 관계에 있는 전문가이다.
>
> —피터 드러커 Peter F. Drucker

Chapter · 04

최고들의 자기관리법 2

원칙 : 자신의 시간을 알고
중요한 일에 집중한다

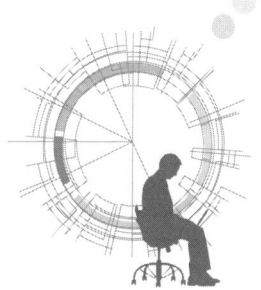

시간관리는 선택이 아니다

사람들은 매일 열심히 일하고 있지만
할 일은 점점 많아지기만 하고
발전적 변화를 만들지 못하고 있습니다.
당신은 지금보다 나은 삶을 진정으로 원하고 있습니까?

 십 수년 전만 하더라도 송금을 하는 것은 꽤나 시간이 걸리는 일이었다. 은행에 가서 긴 줄을 서다 보면, 오고 가는 시간을 포함하여 1, 2시간씩 걸리는 것은 예사였다. 그런데 요즈음은 텔레뱅킹이나 인터넷뱅킹을 통하면 5분 이내에 해결 가능한 일이 되어 버렸다. 이런 일은 비단 은행일 뿐만은 아니다. 인터넷 등 테크놀로지의 발달로 인해 과거에 많은 시간이 걸렸던 일들이 순식간에 해결되고 있다. 그러면 시간이 남아도는가? 전혀 그렇지 않다. 오히려 그 반대로 도무지 시간이 없고, 대부분의 사람들이 시간에 쫓기는 삶을 살고 있다. 도대체 그 이유는 무엇인가?

 그것은 개인들이 누리는 생활수준이 높아졌기 때문이다.

즉 지금의 생활수준을 유지하고 향상시키기 위해서는 그만큼의 수입이 필요한데, 그만한 수입을 창출하기 위해서는 보다 높은 수준의 목표를 달성해야 한다. 과거에는 은행을 갔다 오는 일도 큰 업무였다. 심지어 은행에 다니는 일을 하면서 급여를 받는 사람도 있었다. 이제 그런 일은 있을 수 없다. 은행 업무 등에 시간을 빼앗겨서는 안 되며, 조직의 성과에 기여하기 위한 중요한 일을 해야 한다.

이제 웬만큼, 또는 웬만한 일을 해서는 부가가치, 즉 이익을 만들 수 없는 세상이 됐다. 모든 시스템이 전문화된 사회에서 고객을 창출하고 또한 만족시키는 것은 저급한 제품과 서비스로는 가능하지 않다. 그러므로 모든 조직은 최고의 제품과 서비스를 창출하기 위한 끊임없는 노력, 즉 혁신과 변화를 해야 한다. 혁신과 변화는 누구나 다 알고 있거나, 하고 있는 일을 하는 것이 아니므로 언제나 엄청난 시간이 요구된다. 그 결과로 사람들이 해야 할 일은 점점 많아지고 있는 것이다. 한편으로 일을 하는 데 필요한 시간은 늘 부족하다. 왜냐하면 시간은 한정적인 자원이기 때문이다. 시간은 수요가 아무리 많아도 공급을 늘릴 수 없다. 시간은 저장할 수도 없고, 대체할 수도 없는 자원이다. 그러므로 늘 할 일은 많고 시간은 부족한 상태일 수밖에 없다.

사회가 요구하는 전문적 기능을 하는 현대 조직에서 일하는 사람들이 해야 할 일은 점점 많아지고 있고, 또한 해야 할 일들은 많은 시간을 필요로 한다. 문제는 일할 시간이 부족하다는 것이다. 더군다나 직장에 출근하여 여러 사람들과 업무적 관계를 하다 보면 정작 일할 시간이 없다시피 하다. 그래서 시간 관리가 절대적으로 필요하게 된다. 피터 드러커는 "목표를 달성하는 지식근로자는 일을 시작하기 전에 자신이 사용할 수 있는 시간을 먼저 고려한다."라고 했다. 훌륭한 계획을 세워놓고도 그 일이 뜻대로 되지 않는 이유는 시간에 대한 고려가 부족했기 때문이다. 결국 자신이 사용하는 시간 중에서 불필요하거나 낭비가 되는 시간을 제거하고, 중요한 일에 집중할 수 있는 시간을 만들어 내는 것이 시간 관리의 목표이다.

시간 관리와 같은 체계적 활동에 답답함을 느끼고 체질적으로 맞지 않은 사람들도 있다. 하지만 시간 관리를 위한 노력은 이제 선택의 문제가 아니다. 지금보다 나은 삶을 진정으로 원한다면 시간을 관리하는 노력을 피해갈 수 없다. 안타까운 일이지만 세상이 점점 더 풍요로워 질수록 앞으로 시간 부족 현상은 계속 악화 될 것이다. 할 일은 많고, 세상은 넓다. 그러나 시간은 없다.

Check Point | 시간관리의 단계

시간 기록 및 분석	3주 이상의 시간운용표를 스스로 기록하고 점검한다.
시간관리	시간을 낭비하는 비생산적인 활동을 찾아내어 제거한다.
시간 통합	시간을 통합하여 중요한 일에 집중하여 사용한다.

> 지식근로자는 세계 어디에서나 점점 더 많은 시간을 일하고, 또 그들이 응해야 할 시간적 요구는 더 커지고 있다. 그리고 시간 부족은 개선되기는커녕 더욱 악화되고 있다.
>
> —피터 드러커Peter F. Drucker

너 자신의 시간을 알라

시간을 관리하기 위해서는 자신의 시간을 알아야 합니다.
당신은 자신이 쓰는 시간의 내용, 즉 어떤 일에 얼마만큼의
시간을 쓰고 있는지를 정확히 알고 있습니까?

시간 관리를 주제로 강의할 때, 학습자들에게 눈을 감고 마음 속으로 3분을 세어 보도록 한다. 그러면 그 짧은 시간에도 불구하고 차이가 나타난다. 빠르게는 1분이 조금 지나서 눈을 뜨는 사람에서부터 6분이 다 되어서 눈을 뜨는 사람까지 있다. 이 실험의 메시지는 자신의 시간 감각을 믿지 말라는 것이다. 일반적으로 사람의 공간 감각은 믿을 만하다. 어두운 영화관에 들어가면 순간 당황스럽지만 금방 익숙해져 불편이 없다. 반면에 시간 감각은 믿을 수 없는 수준이다. 사람을 불이 켜진 밀폐된 공간에 넣고 일정 시간 동안 있게 하면 그 사람은 얼마만큼의 시간이 지났는지 알지 못한다고 한다. 그러니 자신의 시간에 대한 기억은 믿을 만한 것이 못 된다.

일을 하면서 사람들은 '나는 시간을 이렇게 쓰고 있어.' 라고 생각하지만 사실과 크게 다르다. '그 일은 30분이면 돼.' 하지만 실제로 해보면 3시간이 걸리기도 한다. 그러므로 부족한 시간을 생산적으로 활용하기 위해서는 자신의 시간을 정확하게 알아야 한다. 돈을 관리하기 위해서 수입과 지출에 대한 내용을 정확히 기록해야 하는 것처럼, 자신이 어떻게 시간을 사용하고 있는지 모르고 시간 관리를 하는 것은 사실 넌센스이다. 대부분의 시간관리 이론과 원칙이 실질적인 도움을 주지 못하는 이유가 거기에 있다.

 시간을 관리하기 위해서는 시간을 기록하는 것으로부터 출발해야 한다. 시간 기록은 가능한 실시간으로 하는 것이 좋다. 앞서 밝혔듯이 기억에 의존하면 오류가 생기고, 스트레스까지 받게 된다. 물론 24시간을 틈 없이 기록한다는 것이 쉬운 일은 아니다. 그래도 막상 해보면 생각보다 부담이 되지 않는다. 오히려 기대 이상의 장점도 있다. 우선 시간을 기록한다는 것 자체로 시간 관리가 된다. 기록을 하면서 보내는 날과 그렇지 않은 날의 차이가 분명하다. 또 한 가지 좋은 점은 하루를 한눈에 볼 수 있다는 것이다. 늘 그렇듯이 전체를 보면 올바른 판단을 할 수 있다. 시간을 기록하다 보면 이것저것 동시에 일을 하게 돼서 무슨 일을 했는지 적기 어려울 때가 있다.

그것은 많은 일을 했다는 측면도 있지만, 집중하지 못했다는 것이기도 하다. 결국 애매한 시간을 줄이고 분명한 과제에 집중하게 하는 효과도 있다. 피터 드러커는 시간 기록을 통해 시간 분석을 위한 의미 있는 데이터를 만들기 위해서는 6개월 주기로 3주 이상의 기록이 필요하다고 했다.

다음 쪽의 양식은 시간 기록을 위해 개발한 시트 'Know Your Time'이다. 시간의 기록은 전일 취침 시간으로부터 시작하고, 금일 잠자리에 드는 시간까지 쓰면 된다. 시간의 기록은 빈 시간 없이 연결하고, 가능한 구체적으로 써야 한다.(예, 11:35 ~ 11:50 : 메일확인 / 11:50 ~ 12:30 : 중식) 처음에는 시간과 내용이 명확히 구분이 되지 않아 어려움도 있지만 며칠만 쓰면 나름의 원칙이 생기게 된다. '양'의 칸에는 그 일을 하는 데 소요된 시간으로 'O분', 또는 'O시간 O분'으로 정리하면 된다. '평가'의 칸에는 양식 밑에 있는 기준에 따라 시간 낭비 여부에 대한 주관적 평가를 하면 된다. 하루 일과를 마칠 때에는 10점 만점의 기준에 따라 나의 하루에 대한 평점을 준다. 축구경기가 끝나면 선수들에 대한 평점이 매겨지듯이 스스로의 하루를 평가해보고 짧은 논평을 해보자. 그러면 하루를 마무리하는 의미도 있고, 주간 통계도 낼 수 있는 재미도 있다.

나의 시간을 아는 것은 곧 나 자신을 아는 것이다.

Check Point | Know Your Time

년   월   일   요일

시간	양	평가	내용

☆ : 중요한 일에 장시간 집중   ○ : 중요한 일에 집중   △ : 할 일을 함
× : 할 일을 제대로 못함 / 짧은 시간 시간 낭비   ×× : 장시간 시간 낭비

오늘의 평점		한마디 평가	

10 : 완벽   9 : 완벽에 가까움   8 : 매우 잘함   7 : 잘함   6 : 보통 이상
5 : 보통 이하   4 : 미흡   3 : 매우 미흡   2 : 최악에 가까움   1 : 최악

'너 자신을 알라'는 거의 불가능할 정도로 어려운 것이다. 그러나 '너 자신의 시간을 알라'는 자신이 원하기만 한다면 얼마든지 가능하다.

―피터 드러커 Peter F. Drucker

낭비시간을 과감하게 제거하라

당신이 하고 있는 일 중에 업무 성과에
별 영향을 미치지 않는 비생산적인 일과 시간을
낭비하는 일의 양은 어느 정도입니까?

시간을 기록한 다음 해야 할 일은 시간의 기록 내용을 범주별로 묶어 시간을 분석하는 것이다. 예를 들면 잠자는 시간, 출퇴근 시간, 업무 시간, TV를 보는 시간, 인터넷 게임을 하는 시간, 책 읽는 시간, 운동을 하는 시간 등으로 범주를 나누어 분석한다. 업무 시간은 회의 시간, 보고 시간 등 구체적으로 구분한다. 기록한 모든 시간을 종합하거나 분석을 할 필요는 없다. 필요한 내용을 중심으로 1주에서 3주 정도의 기록 내용을 종합 분석하면 내가 어떻게 시간을 쓰고 있는지가 객관적 정보로 드러나게 된다.

그 다음으로 할 일은 종합된 정보를 바탕으로 전략적 판단을 하는 것이다. 즉, 낭비라고 판단되는 시간을 제거하는 것이다.

'할 일은 많고 시간은 없다.'는 것이 시간 관리의 전제라고 볼 때 이 부분은 가장 중요한 단계이다. 업무적 상황에서 시간을 낭비하는 일들이 생각보다 많다. 예를 들면 불필요한 회의 참석, 고객과의 사소한 전화, 상사 또는 고위층의 부탁, 가고 싶지 않아도 되는 회식이나 접대 모임 등이다. 시간 낭비라고 판단되는 일은 크게 세가지, 즉 할 필요가 전혀 없는 일, 내가 하지 않아도 되는 일, 다른 사람의 시간을 뺏는 일로 구분된다. 그리고 거기에 따라 각각의 전략적 대응이 필요하다.

첫째로, 전혀 필요 없는 일로 구분되는 일이 있다. 이런 일들은 즉시 그만두면 된다. 지금 당장 그만두어도 문제가 되지 않는 일이기 때문에 그렇게 해도 아무 문제가 생기지 않는다. 더불어 다른 사람의 부탁을 거절하는 일도 중요하다. 왜냐하면 그 부탁을 들어 주기 위해 정작 내가 해야 할 중요한 일을 하지 못할 수 있기 때문이다. 그러므로 누군가 부탁하는 일을 어떻게 할 것인가에 대한 결정은 신중해야 한다. 피터 드러커는 "나는 지식근로자 가운데 직위나 담당 직무에 관계없이 실제 업무 시간의 4분의 1이나 낭비할 수 있는 잡다한 비핵심적 업무들을 쓰레기통에 내다버려서 문제가 된 사람을 한 명도 본 적이 없다."라고 하며 두려움을 버리고 과감하게 제거할 것을 주문하였다.

둘째로, 내가 하지 않아도 되는 일이 있다. 시간을 분석해보면 내가 직접 하지 않아도 되는 범주에 들어갈 수 있는 일이 있다. 그런 일들은 다른 사람에게 넘기면 된다. 흔히 권한위임에 관련하여 내가 해야 할 중요한 일을 부하 직원에게 믿고 맡기는 것이라고 생각하고 있다. 하지만 권한위임의 본질은 내가 해야 할 중요한 일을 하기 위한 시간을 확보하기 위해 내가 하지 않아도 되는 일을, 적어도 나만큼 잘 할 수 있는 사람에게 넘기는 것이다. 여기서 오해의 소지를 없애야 할 것은 업무를 떠넘기는 것이 아니라 그 일에 대한 업무수행 책임을 조정하는 것이다.

셋째로, 내가 하는 일 가운데 오히려 다른 사람의 시간을 빼앗는 일이다. 그 경우에도 답은 즉시 그 일을 그만 두는 것이다. 아침 조회 등의 일이 그런 류의 일이 될 수 있다. 다만 이 경우는 자신의 기록으로 판단할 수 없기 때문에 관련자에게 직접 물어 보아야 그 답을 찾을 수 있다. "혹시 내가 하는 일 가운데 당신들의 시간을 빼앗는 일이 있습니까?"라고 후배직원에게 물어보면, 이렇게 답할 것이다. "선배님, 솔직히 말씀 드려도 되겠습니까?"

지식근로자들은 반드시 이 세 가지 질문을 스스로에게 정기적으로 해야 한다. 할 일은 많고 시간은 없다고만 할 것이 아니라 시간 낭비요소를 지속적으로 제거하면서 부족한 시간 문제를 풀어가야 한다.

Check Point | 시간 낭비 요인의 제거 원칙

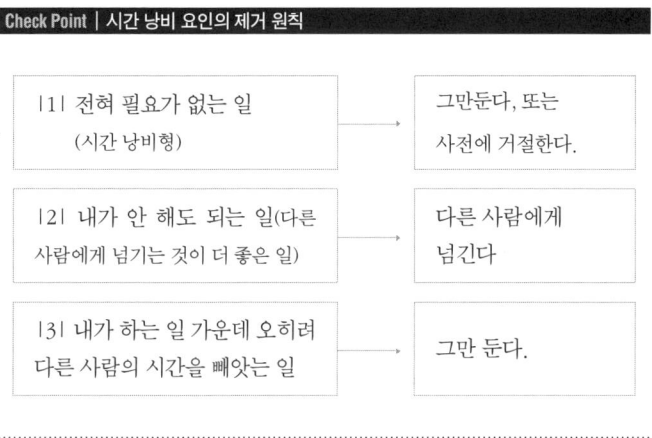

> 대부분의 지식근로자는 전혀 성과를 올리지 못하는, 즉 비생산적인 그리고 시간을 낭비하는 일에 상당히 많은 시간을 빼앗기고 있다.
>
> —피터 드러커Peter F. Drucker

중요한 일을 위한 시간을 모아라

질적 목표를 달성해야 하는 사람에게
충분하지 않은 시간은 자원으로써의 가치가 없습니다.
당신은 중요한 일에 연속적으로 집중할 수 있는
충분한 시간을 잘 만들어 내고 있습니까?

 불필요하거나 낭비가 되는 시간을 제거하고 나면 그만큼의 시간이 남게 된다. 쓸데없이 써왔던 지출을 줄이면 그만큼의 돈이 남는 것과 같은 이치이다. 쓸데없는 곳에 지출한 돈을 줄여 남은 돈을 그때그때 써버리면 의미가 없지만, 모으면 목돈이 되어 꼭 필요한 곳에 쓸 수 있다. 시간 관리의 마지막 단계는 낭비적인 시간을 제거하고, 남은 시간을 통합하여 내가 해야 할 중요한 일을 그 시간에 하는 것이다.

 생각하면서 일하는 지식 근로자에게 시간은 핵심 자원이다. 그러나 충분하지 않은 시간이 아니면 자원으로써의 효용이 없을 수도 있다. 방해받지 않고 일할 수 있는 상당히 길고, 연속적인 시간이 필요하다. 왜냐하면 지식근로자의 일은 상당히 긴 시간을 연속적이고 집중적으로 사용했을 때 비로소 성과가 되는 일이 많기 때문이다. 사용 가능 시간이 짧은 단위로 나뉘어져 있으면 전체 시간의 양이 아무리 많아도 소기의 목적을 달성하는데 불충분하다. 예를 들어 업무상 보고서를 작성할 때, 그 초안을 완성하는데 7시간이 필요하다고 가정해보자. 그 일을 하기 위해 하루에 15분씩 두 번 작업하는 식으로 14일간 진행한다면, 결코 만족스러운 결과를 만들어 내지 못할 것이다. 그러나 만약 하루를 온전히 확보하여 방해 받지 않고 집중할 수 있는 장소에서 보고서 초안 작성에만 몰입한다면 보고서 초안을 질적으로 완성할 수 있다.

시간을 연속적으로 사용하는 방법은 1주일에 하루를 사무실이 아닌 집중할 수 있는 다른 장소에서 일하는 것이다. 물론 대부분의 직장인이 쉽게 선택할 수 있는 방법은 아니다. 가능하다면 집에서 아침 시간을 이용하는 것도 좋은 방법이다. 중요한 일을 집에 가지고 와서 저녁 식사를 마친 뒤 3시간을 끙끙거리는 것보다 일찍 잠자리에 들고, 아침에 일찍 일어나 출근 전 90분을 활용하는 것이 훨씬 효과적이다. 나는 아침 6시에 일어나 3시간 정도 중요한 과제를 집중적으로 수행하는데, 그때 상당히 많은 일을 한다. 정시에 출근해야 하는 직장인들은 오전 시간 동안 중요한 일에 연속적으로 몰두하는 것이 좋다.

많은 시간을 조직에 있는 여러 사람들과 상호작용하며 일하는 지식근로자들이 방해 받지 않고 일할 수 있는 연속 시간을 확보하는 것은 쉬운 일이 아니다. "아직 우리는 지식근로자의 특성에 대해 잘 모르고 있다."고 말한 피터 드러커는 생산적인 반나절 혹은 2주일의 시간을 손에 넣기 위해서는 엄격한 자기관리가 필요하고 'No' 라고 말할 수 있는 강철 같은 결심이 필요하다고 하여 시간 관리 노력의 핵심을 지적했다.

소위, 성공하는 사람들은 모두 시간을 관리를 잘하고 있다. 그들은 자기 절제를 통해 자신에게 중요한 일에 집중할 수 있는 시간을 만들어 내고 있다. 그들이 성취한 위대한 결과는 그렇게 만들어진 것이다.

Check Point | 업무 성과에 필요한 시간

중요한 업무 성과와 성과 산출에 필요한 시간을 정리해 보세요.

성과	시간	비고

> 목표를 달성하는 사람들은 모두 시간 관리를 하고 있다. 그들은 계속해서 시간을 기록하며 또한 그것을 정기적으로 분석한다. 그들은 자유 재량 시간에 대한 스스로의 판단을 기초로 중요한 업무 활동에 대한 마감일을 설정해 두고 있다.
>
> — 피터 드러커 Peter F. Drucker

중요한 일에 집중하라

조직에는 중요한 일에만 집중하고 있는
사람이 생각보다 많지 않습니다.
당신은 중요한 일에만 집중하고 있다고
당당하게 말할 수 있습니까?

'중요한 일에 집중하라.'는 말은 언제 누가 제일 먼저 했을까? 인생을 성공적으로 사는 지혜를 함축하는 말이다. 성공을 위한 지혜가 많지만 어떤 것도 거기서 벗어나지 못한다. 이 말은 거창하게 인생의 지혜라기보다는 일상에서 부딪치는 문제를 효과적으로 해결하는데 도움이 되는 생활의 지혜라는 것이 더 적절할 것이다. '지금 당장 무엇을 해야 할까?'를 고민하는 현대인에게 가장 필요한 것이다.

사람들이 중요한 일에 집중해야 하는 이유는 늘 할 일은 많고 시간이 없기 때문이다. '시간이 무한정 있다면 세상이 어떻게 돌아가고 있을까?'는 헛된 공상이다. 어차피 해야 할 일을 다 할 수 없다면 우선순위를 정해 중요한 일에 집중해야만 하고, 그래야만 그나마 앞으로 나가는 느낌을 가질 수 있다.

중요한 일에 집중해야 하는 또 한 가지 이유는 대부분의 사람들이 두 가지 일은 고사하고, 단 한 가지 일도 잘하지 못하기 때문이다. 피터 드러커는 "진정으로 인간은 놀라울 정도로 다양한 능력을 가지고 있다. 인간은 하나의 다목적 도구이다. 그러나 이러한 인간의 다양성을 생산적으로 활용하기 위해서는 여러 가지 능력을 하나의 중요한 과업에 집중시켜야만 한다."고 했다.

사람들이 일을 하는 이유를 돈을 벌기 위한 것이라고 가정하자. 돈을 벌려면 고객에게 가치를 제공해야 한다. 가치를 제공하려면 고객이 만족할 정도의 질적 상품 또는 서비스를 제공해야 한다. 그러기 위해서는 에너지를 집중해야 한다. 솔직히 에너지를 집중해도 그러한 결과를 만들어내는 것이 결코 쉽지 않다는 것을 우리는 잘 알고 있다. 하물며 집중하지 않고, 만족스러운 결과를 얻을 수는 없는 것이다. 결국 자신의 능력을 하나의 성과, 즉 가치 있는 결과로 만들어 내는 것이 집중이다. 그런데 집중력이 뛰어나다고 해서 문제가 해결되는 것은 아니다. 가장 중요한 일에 집중해야 한다. 피터 드러커는 "사실 우선 순위를 결정하는 것은 그리 어려운 일이 아니다. 그것은 누구나 할 수 있다. 과업을 집중적으로 추진하는 지식근로자가 그렇게도 적은 이유는 '2차 순위', 즉 지금 당장 하지 않아도 될 일을 결정하고 또 그것을 지키는 것이 어렵기 때문이다."라고 했다.

일하는 나를 스스로 살펴보면, 해야 할 중요한 일을 인식하고 있지만 그 외에 또 해야 할 일들이 나를 방해한다는 것을 알 수 있다. 예를 들어 강의 전날에 내가 해야 할 중요한 일은 일찍 잠자리에 드는 것이다. 그래야만 좋은 컨디션으로 강의를 할 수 있다. 그런데 실제로는 그렇게 하지 못하고 또 다른 일을 하기 일쑤이고, 오히려 더 늦게 자는 경우가 많다. 그래서 피터 드러커는 우선 순위 결정에 있어 몇 가지 중요한 법칙들을 결정하는 것은 분석이 아니라 용기라고 한 것이다.

2차 세계대전 당시의 미국 백악관 참모인 해리 홉킨스는 큰 병이 있어 정상적으로 출근하여 일할 수 없었다. 그는 격일로 출근을 했고 그나마 출근한 날에 온종일 일하지도 못했다. 그런데 믿을 수 없게도 그 당시 가장 많은 일을 한 사람으로 기록되고 있다. 그 이유는 바로 그가 가장 중요한 일에 집중했기 때문이다. 사실 시간 부족의 문제는 구조적으로 극복하기 어려운 문제이지만 노력한다면 정복할 수 있는 문제이기도 하다.

처칠은 해리 홉킨스를 '중요한 일만 처리하는 도사'라고 했다고 한다. 나의 목표 중에 한 가지는 '중요한 일만 처리하는 달인'이라는 평가를 스스로에게 받는 것이다. 그러면 아마 지금보다는 훨씬 성공한 모습의 나를 만나게 될 것이다.

Check Point | 중요한 일 토너먼트

당장 해야 할 중요한 업무 목록 8개를 적어보시고, 토너먼트 방식으로 비교하여 가장 먼저 해야 할 일을 정해 보세요.

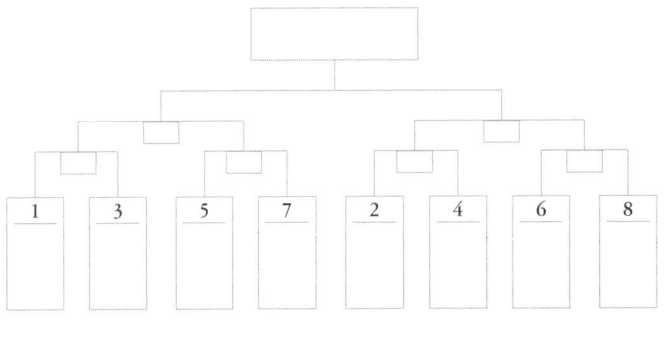

> 중요한 일이 3가지 이상이라는 것은 중요한 일이 하나도 없다는 말과 같다. 제일 중요한 일을 먼저 하라. 그 다음 일은 생각하지도 마라. 바쁠수록 가장 중요한 것부터 한 가지씩 하라.
>
> — 피터 드러커 *Peter F. Drucker*

한 번에 한가지 일만 하라

조직에 있는 사람을 일을 잘하는 사람과,
일을 못하는 사람의 두 그룹으로 나눈다면
당신은 어느 쪽에 속한다고 생각합니까?

    일을 잘하는 사람이 많을까? 아니면 일을 못하는 사람이 많을까? 이와 관련해서는 특별한 통계 자료도 없고, 연구 결과도 없다. 그러므로 주관적 판단을 전제로 주변을 살피면, 정말 일을 잘한다고 판단되는 사람은 결코 많지 않다.

    물론 조직 안에는 열심히 일을 하고 있는 사람이 많다. 그러나 열심히 일을 하는 것과 일을 잘하는 것은 엄연히 다르다. 일을 잘하는 것은 목표 달성을 통해 가치 있는 결과를 창출하여 조직 성과에 기여하는 것이다. 아무리 열심히 일하고 오랜 동안 일을 한다고 하더라도 가치 있는 성과를 만들지 못하면, 일 잘하는 사람 속에 들지 못한다. 조직에는 매우 높은 수준의 지식을 가진 사람이 많지만, 전혀 성과를 올리지 못하거나 엉뚱한 일을 하고 있는 사람이 적지 않은 것이 사실이다.

일을 잘하는 사람과 못하는 사람 간의 차이는 무엇일까? 피터 드러커는 "성과를 올리는 모든 사람의 공통점은 목표를 달성하도록 하는 습관적인 실행 능력을 갖추고 있다."고 말했다. 결국 일을 잘하는 것은 지능, 상상력 또는 근면성의 차이보다는 일하는 습관의 차이에 달려 있다는 의미이다. 실제로 성과를 올리는 사람과 성과를 올리지 못하는 사람, 즉 일을 잘하는 사람과 일을 못하는 사람은 업무 습관상의 분명한 몇 가지 차이를 보인다.

첫째, 성과를 올리지 못하는 사람은 어떤 일을 하는데 필요한 시간을 과소평가한다. "그 일을 하는데 두 시간이면 돼."라고 말하지만 하루 종일 일을 해도 결과를 만들지 못하기도 한다. 그것은 그 일의 실제 소요되는 시간과 일의 속성을 잘 모르고 있기 때문이다. 그들은 늘 모든 일이 제대로 진행될 것으로 기대한다. 그러나 아무런 문제도 없이 제대로 잘되는 일이란 없다. 반면에 성과를 올리는 사람은 그 일이 요구하는 시간을 알고 있기 때문에 실제로 필요한 시간 이상으로 여유 있게 일정을 잡는다. 만일 시간이 남으면 완료된 업무 결과의 질을 높이는데 시간을 쓴다.

둘째, 성과를 올리지 못하는 사람은 급하게 서두르는 경향이 있다. 언뜻 매우 적극적인 모습으로 보이지만 결과적으로 더 늦어지고 만다. 반면에 성과를 올리는 사람은 시간과 경쟁하지 않는다. 동화 '토끼와 거북이'의 거북이가 토끼와 경쟁하지 않은 것처럼 편안한 속도를 유지하면서 쉬지 않고 목표를 달성해 나아간다.

셋째, 성과를 올리지 못하는 사람은 여러 가지 일을 동시에 추진하려 한다. 언뜻 혼자서 일을 다하는 것처럼 분주해 보이지만 결과는 없다. 왜냐하면 어떤 일의 결과를 만드는데 요구되는 최소한의 시간을 할애하지 못했기 때문이다. 추진하던 일 가운데 하나가 문제에 부딪히면 거의 모든 계획이 한꺼번에 무너지고 만다. 반면에 성과를 올리는 사람은 한번에 한 가지 일만 하고, 중요한 일을 먼저 하는데 에너지를 집중한다. 언뜻 없는 듯 조용히 일하지만 놀랄 정도로 많은 결과를 내놓는다. 성공적인 CEO들은 절대로 다중 작업을 하지 않는다. 그들은 그것이 단지 10초가 되든 10분이 되든 자신의 앞에 놓인 한 가지 일에 철저하게 집중한다.

평사원으로 입사해 32살에 김영사의 사장이 된 박은주 사장은 어떤 강연에서 사장이 되는 방법에 관하여 "회사에서 일을 가장 잘하니까 사장이 되더라."고 말했다. 일을 잘하는 것이야말로 자신과 조직 모두에게 정말 좋은 일이다.

Check Point | 일을 잘하는 사람, 못하는 사람

성과를 올리지 못하는 사람	성과를 올리는 사람
어떤 일을 하는 데 필요한 시간을 과소 평가한다.	실제로 필요한 시간 이상으로 여유 있게 시간을 잡는다.
급히 서두르는 경향이 있다. 결과적으로 더 늦어진다.	시간과 경쟁하지 않는다. 편안한 속도를 유지하면서 쉬지 않고 나아간다.
여러 가지 일을 동시에 추진하려 한다. 그 결과 어느 것에도 최소한의 필요한 시간을 할애하지 못한다.	한번에 한가지 일만 하는데 그리고 중요한 것을 먼저 하는데 시간과 에너지를 집중시킨다.

> 일 잘하는 사람은 자신이 많은 일을 하지 않으면 안 된다는 것을 안다. 그리고 그것을 효과적으로 하지 않으면 안 된다는 것도 알고 있다. 효과적 업무 수행에 대한 노력의 차이는 결국 업무 성과의 큰 차이를 만든다.
>
> —피터 드러커 *Peter F. Drucker*

Chapter · 05

최고들의
자기관리법 3

원칙 : 집중할 수 있는
업무 환경을 유지한다

업무 환경을 점검하자

질적 목표를 달성해야 하는 지식근로자에게
집중은 업무 성과를 올리기 위한 핵심 요소입니다.
당신은 집중할 수 있는 업무 환경을 유지하고 있습니까?

일하는 사람으로서의 가장 큰 고민은 할 일은 많은데 시간이 없다는 것이다. 이유야 어찌 됐던 간에 그것은 우리에게 늘 닥치고 있는 현실이다. 그렇다고 해서 그것이 일을 제대로 못한 이유나 핑계가 될 수는 없다. 약속 시간에 나의 업무 결과물을 기다리는 고객을 기쁘게 만족시키지 못하면 수고에 대한 보상은 기대할 수 없는 것이다.

결국 주어진 시간 안에 가치 있는 결과를 만들어야 하는데, 막연히 최선을 다하는 것만으로는 평가를 받을 수 없다. 반드시 고객을 만족시키는 결과, 즉 성과를 만들어야 한다. 그러기 위해서는 자신이 가지고 있는 것을 최대한 생산적으로 활용하여 가능한 한 최고 수준의 결과를 만들어야 하는데 그 방법은 바로 집중하는 것이다.

피터 드러커는 "집중은 지식근로자가 시간과 사건들의 종노릇을 하는 대신 그것들의 주인이 될 수 있는 유일한 방법이다."라고 한 바 있다. 그런데 집중이라는 것이 마음먹는다고 되는 쉬운 일은 아니다. 학교를 다니며 공부를 할 때도 가장 중요했던 것이 바로 집중력이었다. 집중하는 정도의 차이는 사람간의 차이를 만드는 결정적인 요소이다. 학교를 다닐 때야 집중의 문제를 스스로 해결하기 쉽지 않았지만, 자신의 삶에 책임을 져야 하는 성인에게는 자신의 이성과 의지로 스스로가 해결해야 할 문제이다.

마음이야 독하게 먹고 자리에 앉지만 집중하지 못하고 마음먹은 결과를 만들지 못하게 되는 이유는 무엇일까? 그것은 무엇보다도 의지에 영향을 주는 환경의 문제이다. 물론 심리적인 문제 역시 큰 영향 요소이지만 오히려 환경이 심리에 더 큰 영향을 준다. 집중하기 위해서는 우선 집중할 수 있는 환경을 만들어야 한다.

집중할 수 있는 업무 환경의 첫 번째는 깨끗한 업무 환경이다. 업무 공간이 깨끗하지 못하면 집중하기 어렵다. 물론 극한 상황에서는 그런 것들이 문제가 되지 않을 수 있지만 일반적인 상황에서는 집중력을 떨어뜨리는 요소이다. 어지러울 정도로 정리가 안된 책상에서 최고의 집중력을 기대할 수 없다.

둘째는 정보 환경이다. 지식근로자로서 일을 하다 보면 많은 정보가 필요하다. 그때그때 필요한 정보를 신속하게 찾을 수 있어야 한다. 정보를 찾는데 시간과 에너지를 다 소비해 버리면 큰 낭패를 볼 수 있다. 일정 시간 집중하기 위해서는 언제든지 정보를 끄집어 낼 수 있는 정보 관리 시스템이 있어야 된다. 최근에는 인터넷 자체가 정보 베이스라 할 수 있지만, 내가 원하는 모든 정보를 얻을 수는 없다. 그러므로 온라인 상이든 오프라인 상이든 즉시 인출 가능한 정보 체계가 잘 갖추어 있어야 한다.

셋째는 일정 시간 이상 연속적으로 쓸 수 있는 시간과 공간이 있어야 한다. 어떤 일이든 어느 정도만큼의 집중을 하지 않으면 결과를 낼 수 없다. 또한 중간에 방해를 받는 일 등에서도 차단이 되어 있어야 한다.

결론적으로 성과를 만들기 위해서는 집중할 수 있는 환경, 즉 깨끗한 업무 공간, 즉시 인출 가능한 정보 시스템, 방해 받지 않고 일할 수 있는 시간과 공간이 필요하다. 그것은 전적으로 지식근로자 자신의 책임이다. 최적의 업무 환경을 만들어 줄 수 있는 유일한 사람은 자신뿐이다.

Check Point | 집중하는 태도의 점검

• 당신은 업무에 집중하고 있습니까?

☐ 모든 일에 집중을 잘 하고 있다.
☐ 집중이 잘 될 때도 있지만 그렇지 못할 때가 많다.
☐ 거의 집중을 하지 못하고 있다.

• 집중을 못하고 있다면, 그 이유는 무엇이라고 생각합니까?

> 효과적인 지식근로자는 새로운 활동을 시작하기 전에 반드시 낡은 것을 먼저 정리해 버린다. 그것은 조직의 체중을 관리하기 위해서도 반드시 필요하다. 그렇게 하지 않으면 조직은 이내 정상적인 형태, 응집력 그리고 통제 능력을 잃고 만다. 사회의 기관은 생물체의 기관과 마찬가지로 군살 없는 근육을 유지해야 한다.
>
> — 피터 드러커 Peter F. Drucker

깨끗한 책상은 깨끗한 마음이다

책상의 상태는 자신의 머리 속의 모습과 같다고 합니다.
당신은 정리가 안 된 복잡한 책상으로 인해
짜증이 나거나 문제가 된 적이 있었습니까?

'과민성 책상 증후군'이란 말이 있다. 복잡한 책상에서 나쁜 자세로 장시간 동안 앉아 있으면 정신적·신체적 통증을 느끼는 것으로, 일본의 경우 사무직 근로자의 67%가 이러한 증상을 갖고 있는 것으로 조사된 바 있다. 전문가들은 이러한 책상 증후군을 방치하면 만성질환이 되어 집중력이 떨어지거나 건강이 악화될 수 있다고 경고한다.

높이 올라간 서류 더미, 읽고 있지 않는 책과 잡지, 여기 저기 붙어 있는 메모 용지, 무질서하게 흩어져 있는 사무 용품들 그리고 사진틀까지 놓여 있는 복잡한 책상은 보는 사람마저 짜증이 나게 한다. 책상이 이렇게 복잡한 공간이 된 이유는 무엇일까? 그 이유는 의외로 간단하다. 필요에 의해 가져다 쓴 물건이나 자료를 다시 제자리에 갖다 놓지 않았기 때문이다. 문제는 복잡한 환경이 일의 흐름을 막고, 의욕을 꺾고, 삶을 불만스럽게 만든다는 것이다. 그 결과 정작 중요한 일에 집중하지 못하거나 그 일을 미루게 된다. 그렇게 자신에게 중요한 일을 미루는 순간부터 일과 삶은 꼬이기 시작한다. 마치 카오스 이론의 나비효과처럼 종이 한 장을 버리거나 제자리에 갖다 놓는 수고를 아낀 것이 인생의 흐름을 바꿀 수도 있다.

새 컴퓨터를 사면 모든 기능이 빠르게 잘 돌아간다. 그러나 각종 소프트웨어를 설치하면서 일을 하다 보면 작업한 파일이 늘어나고, 알 수도 없는 파일들이 남게 되면서 점차 컴퓨터의 속도가 느려진다. 결국 컴퓨터를 사용하는데 불편함을 느끼는 상황에 이르게 된다. 이쯤되면 필요한 파일을 복사해 놓고, 새롭게 포맷을 해야 한다. 업무 공간도 마찬가지다. 짜증을 나게 하거나 집중력을 방해하는 상황이 되면 새롭게 포맷해야 한다.

우선 모든 관리의 첫 단계인 불필요한 것을 버리는 일부터 시작해야 한다. 잘 살펴보면 고장이 나거나 전혀 쓸 수 없는 물건, 그리고 1년이 넘도록 한번도 사용하지 않은 자료 등 버릴 것이 꽤 많다. 책상에는 PC나 전화기처럼 고정적으로 위치해야 하는 것을 제외하고는 아무것도 없는 것이 이상적이다. 흔히 필기구 등을 담는 통을 책상 위에 놓고 쓰고 있지만, 그것도 책상 서랍 등, 별도 보관 장소에 옮기는 것이 좋다. 물론 일을 할 때 필요한 자료와 도구는 책상 위에 올려놓아야겠지만, 업무가 종료되면 반드시 제자리에 갖다 놓아야 한다. 퇴근 시에는 책상 위에 아무것도 없이 깨끗한 상태가 되어야 한다. 퇴근 전에 책상을 정리하면 업무수행 상황을 확인할 수 있어, 업무상 실수를 막을 수 있고, 가벼운 마음으로 퇴근할 수 있다.

지식근로자는 질적인 목표를 달성해야 하는 경우가 많기 때문에 늘 할 일은 많고, 시간은 없는 상황에 처하게 된다. 그러므로 목표를 달성하기 위해서는 업무에 필요한 시간을 만들고, 그 시간에 가장 중요한 일을 집중적으로 해야 한다. 결국 집중할 수 있는 업무환경을 만드는 것은 효과적 지식근로자, 즉 프로페셔널이 되기 위한 필요 조건이다.

Check Point | 복잡한 책상의 영향력

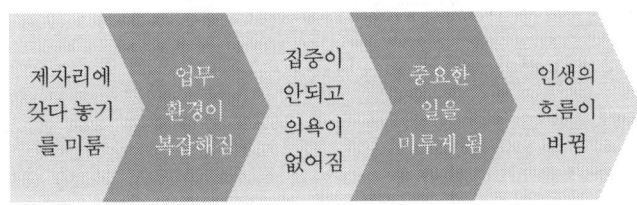

책상을 정리하지 않으면, 인생이 바뀐다

깨끗한 책상에서 일하면 생산력과 창조성, 일에 대한 만족도가 함께 증가합니다. 가장 좋은 습관은 매번 일이 끝나는 즉시 책상을 정리하는 것입니다. 깨끗한 책상은 깨끗한 마음을 뜻합니다.

−캐런 킹스턴의 《아무것도 못 버리는 사람》 중에서

버려야 산다

'버리면 벌 받는다.'는 생각은 이제 버려야 할 생각이 되었습니다.
당신은 버리지 않아 문제가 되거나 어려움을 겪은 적이 있었습니까?

정리정돈을 하기 위한 첫 번째 행동은 버리는 것이다. 책상을 정리하든, 창고를 정리하든 가장 먼저 해야 할 일은 불필요한 것을 버리는 것이다. 그런데 우리는 버리는 것에 대해 마음이 편치 않다. 음식을 남겨 버리거나, 쓸 수 있는 물건을 버리면 왠지 죄 받을 것 같은 생각이 든다. 그것은 오랜 기간 동안 우리의 삶에 깊숙하게 영향을 주어왔던 '버리면 벌 받는다'는 생각 때문일 것이다. 이제 그 생각을 버려야 할 때가 됐다. 언젠가부터 물건과 지식이 쏟아지기 시작했고, 그로 인해 감당할 수 없을 만큼 복잡해진 환경은 우리의 삶을 지치게 한다.

끝없이 늘어나는 물건과 자료들을 버리지 않으면, 아마 그것들에 깔려 숨을 쉬지도 못하게 될 것이다. 만일 끝없이 생성

되는 쓰레기를 버리지 않는다고 가정해 보면 이해가 쉽다. 물론 쓰레기는 보기도 좋지 않고, 냄새도 나기 때문에 자주 버리게 된다. 하지만 눈에 보이지 않고 냄새도 나지 않는 쓰레기는 버려지지 않고 있다. 상태는 멀쩡하지만 전혀 쓸 가능성이 없는 불필요한 것이면, 그것이 무엇이든 쓰레기라 할 수 있다. 쓰레기를 버리면 환경이 깨끗해지듯이 주변에 불필요한 물건과 자료를 버리면 깨끗하고, 집중할 수 있는 환경이 만들어진다. 그러므로 버리는 활동은 삶을 효과적으로 살아가기 위한 가장 기본적이고 중요한 노력이 된다.

버리기를 행동으로 옮기기에 앞서서 할 일은 버리기 목록을 만드는 것이다. 버리기 목록은 크게 회사에서 버릴 것, 컴퓨터에서 버릴 것, 집에서 버릴 것으로 구분할 수 있다.

회사의 책상과 업무공간에 버릴 것이 하나도 없는 사람은 없다. 불필요하거나 오래 동안 쓰지 않아 공간만 차지하고 있는 것들은 과감하게 버려야 한다. 여기저기 산만하게 붙어있는 빛바랜 포스트잇, 읽지도 않는 책, 언제부터 쌓여 있었는지 기억할 수 없는 자료들, 해 지난 다이어리, 이제 사용하지 않는 CD와 3.5인치 플로피 디스크, 잘 나오지 않는 볼펜, 출처를 알 수 없는 다량의 라이터와 서랍 구석에 있는 잡동사니들이 그것이다.

컴퓨터를 켜는 순간 자료가 쏟아지는 느낌을 받는다면, 버려야 할 것이 많다는 것이다. 필요하지도 않고 사용 방법도 모르는 각종 소프트웨어, 저장한 이후에 한 번도 본 적이 없는 사진 파일, 용량만 차지하고 있는 동영상 파일 등은 휴지통에 넣어야 한다. 인터넷을 잘 활용하기 위해서도 버리는 것이 중요하다. 페이지 번호의 끝이 없는 이메일, 어느새 목록의 끝이 한 눈에 보이지 않는 즐겨찾기 목록, 이곳저곳(블로그, 카페, 미니홈피 등)에 올려놓은 자료들은 우리의 삶을 공격하는 적장이 될 수 있다.

집에도 버릴 것은 많다. 안 입는 옷과 넥타이도 많고, 국어대백과사전 등 불필요한 책들도 많고, 고장난 물건이나 사용하지 않는 덩치 큰 물건들도 많다. 냉장고에는 유통 기한을 넘기고 눈에 보이지 않게 숨어 있는 것들이 있다. 여성들의 경우는 쓰지 않는 그릇과 같이 액세서리 류의 물건도 많다. 또한 자동차 안에도 버려야 할 물건들이 가득하다. 효과적 삶을 살기 위해서는 집도 집중해서 일할 수 있는 공간이 돼야 한다.

목록을 기록한 다음에는 미련 없이 버리면 된다. 버리면 우선 새롭게 사용할 있는 공간이 생긴다. 더불어 우리 머리 속도 깨끗해진다. '있는 지, 없는 지' 상태에서 벗어나게 되어 중복되거나 낭비를 하는 일도 없어지게 된다. 피터 드러커의 말처럼 어제를 버리는 일이야말로 효과적 내일을 만드는 최우선 과제이다.

Check Point | 버리기 목록 작성

구분	내용
회사	
내 컴퓨터	
집	

> 대부분의 지식근로자는 전혀 성과를 올리지 못하는, 즉 비생산적인 그리고 시간을 낭비하는 일에 상당히 많은 시간을 빼앗기고 있다.
>
> —피터 드러커 Peter F. Drucker

정보관리는 기본이다

21C 조직에서 지식 자원 없이 성과를 만들어 낼 수 있는 일은 없습니다.
당신은 필요할 때 즉시 끄집어 낼 수 있는 정보 관리 시스템을
가지고 있습니까?

지식사회를 살면서 즐거운 일은 지식사회의 가장 중요한 자원이고, 성과의 원재료인 정보가 쏟아지고 있다는 것이다. 다만 '구슬이 서 말이라도 꿰어야 보배'란 말이 있듯이 정보를 잘 활용하여 성과에 연결시키지 못하면, 그림 속의 떡을 보는 신세가 된다. 그러므로 높은 성과를 산출하는 효과적 지식근로자가 되기 위해서는 목적 없이 떠다니는 자료를 필요할 때 활용할 수 있는 정보로 관리하는 일상적인 습관이 필요하다.

현대인은 누구나 많은 정보를 가지고 있다. 각종 서적 및 잡지, 스크랩한 자료, 업무상 자료, 개인 자료 등 다양한 종류와 형태의 정보가 있다. 다만 여기저기 흩어져 산만하게 있어 필요한 때, 필요한 지식으로 활용할 수 없는 것이 문제다. 어떤

일을 수행하기 위해서는 정보가 필요하다. 필요한 정보가 머리 속에 모두 있으면 쉽게 일을 진행할 수 있지만, 그것은 불가능한 일이다. 결국 가지고 있는 정보를 잘 관리해야 일을 잘 할 수 있다.

"일본 사람 중에 자신이 스크랩한 자료가 넘쳐 아파트 한 채를 새로 준비했다."는 이야기가 있다. 정보관리를 위한 정보관리의 극단적인 예이다. 어떤 사람들은 "뭐 좋은 정보 없습니까?"라고 묻는다. 하지만 이것은 막연한 이야기고, 이런 상황에선 어떤 정보도 좋은 정보가 될 수 없다. 좋은 정보란 자신에게 꼭 필요한 정보이다. 그러므로 정보를 관리하기 위한 첫 번째 단계는 자신에게 필요한 정보가 무엇인지를 명확히 하는 것이다. 그리고 자신에게 필요한 정보가 어디에 있는지를 알아야 한다. 그리고 나서 주기적이고 습관적으로 필요한 정보를 수집해야 한다. 당장 일을 진행해야 하고, 빠른 기간 안에 일을 마무리해야 할 경우, 그 시점에서 정보를 수집하는 것은 이미 늦은 때이다.

쏟아지는 정보를 습관적으로 수집하기 위해서는 수집한 정보를 관리할 수 있는 시스템이 있어야 한다. 컴퓨터 하드에 폴더를 만들어 관리하거나, 자신의 홈페이지를 통해서 정보를 관리할 수 있다. 최근에 사용자가 급속도로 확대되고 있는 블로그를 활용하는 것도 비용 대비 효과적인 방법이다. 블로그는 텍스트 자료는 물론이고, 이미지 자료, 동영상 자료까지 무한대로 올려 비공개로 보관할 수 있고, 자신이 원하는 항목을 만들어 범주화시킬 수 있어 자료 관리시스템으로는 최고 수준이라 할만하다.

정보 활용적 측면에서 볼 때 컴퓨터를 이용한 정보 관리만으로는 충분하지 않다. 오프라인에서 정보를 관리할 수 있는 전통적 시스템도 여전히 필요하다. 활용도에 있어서는 컴퓨터를 기반으로 하는 정보관리 시스템보다 오프라인 시스템이 더욱 높을 수 있다. 오프라인에서 활용할 수 있는 다양한 정보 관리 시스템이 있지만, 그 중 삼공바인더가 유용하다. 삼공바인더는 낱장으로 된 클리어 파일 시스템이기 때문에 쉽게 순서를 바꾸거나 불필요한 자료를 버릴 수 있어 융통성 있게 자료를 관리할 수 있다.

지식근로자는 자신이 가지고 있는 지식을 활용해서 일한다. 지식 없이 성과를 만들어 낼 수 있는 일은 거의 없다. 체계적 정보관리는 효과적 지식근로자가 되기 위한 기본적인 조건이다. 우선 자신에게 필요한 정보 범주를 정리해 보자.

Check Point | 나의 정보 카테고리

• 당신에게 필요한 정보 카테고리(범주)를 적어 보세요.

떠다니는 자료와 정보를 지식으로 만들어 활용하는 능력은 21세기 개인 경쟁력이다.

― 홍성욱의 《자유롭게 일하는 아빠》 중에서

나만의 정보관리 시스템을 만들자

일상에서 만나는 정보가 필요한 때에 효과적인
지식이 되기 위해서는 평소의 정보관리 노력이 중요합니다.
당신은 잘 작동하는 정보관리 시스템을 유지하고 있습니까?

　마치 폭우처럼 쏟아지는 정보를 체계적으로 관리하고, 필요할 때 지식으로 활용하기 위해서는 평소에 정보관리 노력을 유지하고 있어야 한다. 많은 사람들이 이미 나름의 정보관리 체계를 구축하고 있겠지만, 보다 생산적인 시스템을 만들기 위해서는 집중적으로 시간을 투자하여 그 시스템을 정비하고 새롭게 구축할 필요가 있다.

　정보관리 체계를 구축하기 위해 첫 번째로 할 일은 자신에게 필요한 정보가 무엇인가를 명확히 하는 것이다. 자신의 삶과 일에서 자신의 목표를 분명하게 설정하면 자신에게 필요한 정보가 무엇인지를 정리할 수 있다. 우선 자신에게 필요한 정보를 포괄적 문장으로 작성하고, 구체적 정보 영역을 정리한다.

두 번째는 '자신에게 필요한 정보가 어디에 있는지', 즉 정보소스를 정리한다. 예를 들면 정기 간행물, 인터넷 사이트, 커뮤니티 또는 모임, 방송 프로그램 또는 전문가 등이 그 소스일 수 있다. 가능한 구체적인 내용으로 정리한다.

세 번째는 정기적이고 습관적으로 정보소스에 접근하여 정보를 수집하는 것이다. 자신의 업무적 성격에 따라서는 계획적 노력이 필요하겠지만, 정보 소스에 접근했을 때 습관적으로 바로 정보를 확보해야 한다. 다만 꼭 필요한 정보인지를 신중하게 판단할 필요가 있다.

네 번째는 수집한 정보를 분류하는 것이다. 즉, 당장 활용할 정보가 아니라면 어느 곳에 보관할 것인지를 결정하는 것이다. 그러기 위해서는 사전에 정보 분류 시스템, 즉 컴퓨터 상의 폴더 또는 정보 보관 파일이 결정되어 있어야 한다.

다섯 번째는 지속적으로 정보를 관리하고 평가하는 것이다. 정보관리의 핵심적 노력은 불필요한 정보를 버리는 것이다. 그렇게 해야 필요할 때 필요한 정보를 찾아 활용할 수 있다. 하지만 이러한 정보관리를 계획적으로 하기는 현실적으로 쉽지 않다. 그래서 나는 파일 속의 정보에 접근할 때, 그 파일 안에 있는 정보를 살펴보고 버리거나 필요한 정리를 한다.

마지막 단계는 정보를 활용하는 것이다. 정보의 활용은 정보

관리의 궁극적 목적이다. 아무리 많은 정보를 가지고 있고, 잘 관리하고 있다 하더라도 필요한 때에 적용하지 못하면 시간을 낭비한 셈이 된다. 그러므로 수집한 정보를 어디에 활용할 것인지를 미리 분명하게 정리해 놓아야 한다.

피터 드러커는 지식이란, 성과를 내는데 필요한 정보라고 말한바 있다. 성과를 만들기 위해서는 지식이 필요하지만, 지식은 정보가 거듭난 모습이라고 보면 정보 관리는 지식 작업을 위한 기초 공사라 할 수 있다.

Check Point | 정보관리 시스템 구축 계획(예시)

구분	내용	구분	내용
개요	기업교육 컨설턴트로서 강의 및 컨설팅을 수행하기 위한 정보	분류의 기준	• 강의 주제별 • 기업교육 요소별 • 교육 SPOT
정보 영역	• 강의 주제별 • 교육방법 • 기업교육 요소별	정보관리 시스템	• 블로그 • 삼공바인더 • 책장
정보 소스	• 대형 서점 • 월간 잡지 • 인터넷사이트/블로그 • 교육기관 • 전문가	관리 및 평가계획	필요한 정보에 접근시 불필요한 정보 제거

정보 소스 접근 계획	• 월간잡지 정기 구독 • 월1회 논문 검색 • 교육기관 방문 • 전문가와 미팅	정보의 활용	교육과정 및 강의자료 개발에 활용

> 지식이란 행동을 하는데 효과적인 정보이며, 결과에 초점을 맞춘 정보이다. 지식에는 서열이 없다. 어떤 지식은 주어진 과업에 적합한 것일 수도 있고, 부적합 것일 수 있다.
>
> —피터 드러커Peter F. Drucker

Chapter · 06
최고들의 자기관리법 4

원칙 : 효과적 업무수행
원칙을 활용한다

효과적인 지식근로자에겐 원칙이 있다

할 일이 많은 사람들에게 업무수행 원칙은
업무 생산성을 올려줍니다.
당신은 정리된 업무수행 원칙이 있습니까?

현대 조직에서 일하는 사람의 가장 큰 고민은 고민을 해야 한다는 것이다. 고민이 많다는 것 자체가 고민이다. 게다가 그 고민의 결과에 대해 책임을 져야 하기 때문에 늘 무거운 짐을 지고 사는 형편이다. 하지만 고민하지 않고 해결할 수 있는 문제가 별로 없다. 더 높은 수준의 서비스와 상품을 요구하는 고객을 만족시키기 위해서는 끝없이 고민해야 한다. 그러한 고민이 바로 업무 혁신의 원동력이라 할 것이다. 그러므로 이왕이면 더 잘 생각하고, 더 잘 결정하고, 더 잘 행동해서 더 높은 성과를 만들어 내는 선순환 고리를 만들어야 한다.

효과적인 지식근로자의 특징 중에 하나는 고민 없이 문제를 풀 수 있는 업무 원칙을 가지고 있다는 것이다. 업무 원칙이 있는 것과 없는 것의 차이야말로 지식근로자간의 차이라 할 수 있다. 고민의 시간을 줄이면서도 더 높은 수준의 결과를 만들어 가기 위해 필요한 것이 바로 업무 원칙이다. 업무적 경험과 학습 활동을 통해 축적한 업무 원칙은 시간 낭비 없는 업무의 효율성을 만들어 준다. '보고서의 기본 틀을 어떻게 할 것인가?' 와 같은 문제는 정해진 것이 있으면 고민이 필요 없다. 성과를 올리지 못하는 사람들은 보고서 형식 문제에 시간과 에너지를 다 써버려 정작 내용을 충실하게 만들지 못하는 어리석음을 보인다. '어느 업체를 결정할 것인가?' 와 같은 큰 문제의 경우도 원칙이 있으면 신속하면서도 올바른 의사결정을 할 수 있다. 이것이 높은 지위에 있는 사람들이 중요한 많은 일들을 해낼 수 있는 비결이기도 하다.

피터 드러커는 잘 관리가 되고 있는 조직은 언뜻 보기에 무척 따분해 보인다고 했다. 그것은 바로 그 조직이 발전해 오면서 집적해온 문제 해결 원칙, 즉 시스템에 의해 착착 진행되고 있기 때문이다. 개인적 수준에서 업무를 추진할 때도 마찬가지다. 진짜 일을 잘하는 사람들은 소리 없이 일하며 높은 수준의 많은 결과물들을 만들어 내고 있다. 피터 드러커의 저서에는 효과적 지식근로자들이 가지고 있는 원칙과 특징들이 보물처럼 흩어져 숨어 있다. 이것들은 일 잘하는 사람들의 중요한 원칙이고, 보통의 사람들과 구별되는 업무적 습관이다.

나도 계속해서 업무 원칙을 만들어 가고 있다. 몇 가지 예를 들자면 '목표 수준을 높이 정한다.', '중요한 것부터 먼저 한다.', '한 번에 한 가지 일만 수행한다.', '업무 마감 시간을 정한다.', '새로운 업무를 시작할 때는 삼공바인더를 만든다.', '업무 종료 후에는 피드백분석을 한다.', '아침에 일어나자마자 할 일을 정하고 잔다.', '일을 시작하기 전 15분은 정리 정돈을 한다.', '자투리 시간에는 불필요한 물건과 자료를 버린다.', '내가 할 필요가 없는 일은 다른 사람에게 맡긴다.', '협상 시에는 첫 번째 미팅에서 결정하지 않는다.', '사람을 뽑을 때는 두 사람 중 누구를 뽑을지 판단하기 어려운 상황까지 만든다.' 등이다.

직장 생활을 하면서 교육을 받은 사람이라면 적어도 한 번쯤 인생 사명서를 만들어 보았을 것이다. 인생 사명서는 자신의 삶의 가치를 중심으로 삶의 원칙을 정하는 것으로 목적이 분명하고 효과적인 삶을 살기 위해서 꼭 필요한 내용이다. 그러나 그것만으로는 성공적 인생을 만들 수는 없다. 거기에 더불어 오늘을 살아가는 원칙 그리고 해야 할 일을 어떻게 수행해 나갈 것인가에 대한 업무원칙을 가지고 있어야 한다. 그러면 오늘과 내일이 모두 승리하는 날이 될 것이다.

Check Point | 업무 원칙의 활용

• 당신은 일을 하는 당신만의, 혹은 체계적으로 익힌 업무 원칙이 있습니까?

☐ 정리된 업무 원칙을 바탕으로 업무를 수행하고 있다.

☐ 업무 원칙이 있지만 정리가 안돼 있다.

☐ 업무 원칙은 없고, 그때그때 고민하며 일한다.

• 당신의 업무 원칙을 적어 보세요.

> 잘 관리되고 있는 공장은 오히려 언뜻 보기에 무척 따분해 보인다. 모든 위기가 예측 가능한 것으로 되어 있고, 대처 방안은 이미 절차로 전환되어 있기 때문에 소란 피울 만한 일은 하나도 일어나지 않는다.
>
> —피터 드러커 *Peter F. Drucker*

의사결정은 목표를 위한 과정이다

의사결정은 의사를 결정하는 단계만이 아니라
목표하는 성과를 만들어 가는 과정 전체를 말합니다.
당신은 의사결정을 하고 그 결과를 확인해 왔습니까?

일을 하다 보면 힘들다고 느낄 때가 많지만, 그 중에서도 힘든 때는 주어진 과제를 어떻게 해결해야 할 것인가에 대한 올바른 답을 찾아야 할 때이다. 단순한 일을 시키는 대로 하는 경우가 아니라면 문제에 대한 해결의 책임은 일하는 사람의 몫이다. 그러다 보니 해야 할 일들은 온통 '무엇을 어떻게 해야 할 것인가?'에 대한 고민 덩어리이다. 특히 전략적이고 중요한 과제를 수행해야 하는 경우라면 고민의 무게가 더 무겁다. 일하는 사람들은 올바른 의사결정을 하지 못하면 그 간에 수고한 노력이 아무런 가치가 없어질 수 있다는 것을 잘 알고 있기 때문이다. 이러한 고민을 덜 수 있는 방법은 의사결정의 원칙을 정확하게 이해하는 것이다. 피터 드러커는 프로페셔널이 알고 있어야 할 기초 지식으로 효과적인 의사결정 능력을 포함시키고, 의사결정의 프로세스를 구성하는 5개의 요소로 정리했다.

첫 번째는 문제의 종류를 파악하는 것이다. 해결해야 할 문제가 자주 발생하는 일반적 문제인지, 개별적으로 대처해야 할 예외적이고 특수한 문제인지를 구별하는 것이다. 일반적인 문제라면 정한 원칙에 따라 해결하면 된다. 예외적이고 특수한 문제인 경우에는 상황에 맞는 창의적인 해결책을 찾아야 한다. 사실상은 예외적인 문제가 거의 없다.

두 번째는 의사결정의 조건을 확인하는 것이다. 의사결정을 하는 목적을 분명히 하고 의사결정을 통해 반드시 얻어야 하는 것과 결코 잃어서는 안 되는 조건을 결정하는 것이다. 이러한 조건이 분명하지 않으면 의사결정의 성과를 판단할 수 있는 근거가 없기 때문에 공허한 노력으로 끝날 수 있다. 그러므로 이 단계는 가장 중요하고 어려운 단계이다.

세 번째는 올바른 의사결정을 하는 것이다. 올바른 의사결정을 하기 위해서는 다양한 해결책 목록과 판단의 기준을 가지고 판단해야 한다. 한 가지 기획안을 놓고 '예스' 또는 '노'를 결정하는 것은 올바른 판단이라고 할 수 없다. 몇 가지 대안이 있을 때에 비로소 진정 무엇이 문제인지를 확인하고 올바르게 판단할 수 있다.

네 번째는 의사결정 내용을 행동으로 전환하는 것이다. 의사결정은 판단하고 선택함으로써 끝나는 것이 아니다. 결정 내용이 행동으로 이어지지 않으면 그 어떤 것도 결정된 것이라고 볼 수 없으며, 단지 하나의 좋은 의도로 그치고 말 것이다. 그러므로 해결책을 선택하는 의사결정의 단계에 행동 계획을 포함해야 한다.

다섯 번째는 피드백을 의사결정 과정에 포함시키는 것이다. 피드백은 의사결정이 달성하고자 하는 기대수준과 실제 활동 결과를 지속적으로 비교하는 것이다. 피드백을 하기 위한 최선의 활동은 직접 현장에 가서 눈으로 확인하는 것이다.

의사결정은 의사를 결정하는 단계만을 의미하지 않는다. 의사결정을 통해 목표하는 성과를 만드는 전체 과정, 즉 문제해결 프로세스이다.

Check Point | 올바른 의사결정

- 당신은 의사결정 결과는 어떠합니까?
☐ 대부분의 경우 성공적인 의사결정이었다.
☐ 성공과 실패를 반복해왔다.
☐ 많은 경우가 실패한 의사결정이었다.

- 실패 비율이 높다면 그 이유는 무엇이라고 생각합니까?

> 의사결정 과정에서 가장 많은 시간을 필요로 하는 단계는 의사결정 그 자체가 아니라, 그것을 실행하여 목적을 달성하는 과정이다. 어떤 결정이 '작업 단계'로 내려와 실행되지 않는 한, 그것은 의사결정이 아니다. 그것은 기껏해야 좋은 의도에 지나지 않는다.
>
> —피터 드러커 Peter F. Drucker

'의사결정을 했느냐'의 문제가 아니다

사람들은 자신이 원하는 쪽으로 의사결정이 이루어지길 희망합니다.
당신은 자신이 원하는 쪽으로 의사결정하기 위해
거기에 맞는 사실적 정보를 찾는데 실패한 적이 있습니까?

'의사결정'이란 말은 고위 직급을 가진 사람들이 하는 특별한 결정 같은 느낌을 주지만 사실 누구나 하고 있는 통상적인 일이다. 중국 음식을 시킬 때면, '자장면을 먹을 것인가?', '짬뽕을 먹을 것인가?'가 늘 고민스럽다. 하지만 그 정도 고민은 원칙을 정하면 가볍게 해결된다. 혹은 정한 원칙을 지키지 않아도 문제될 것은 없다. 그러나 '반도체 사업에 투자할 것인가?', '자동차 사업에 투자할 것인가?'를 결정하는 것은 그리 간단치 않다. 자신의 성과에 대한 책임을 스스로 져야 하는 지식근로자로서 일을 한다는 것은 크든 작든 끊임없이 의사결정을 하는 과정이라 할 수 있다. 그럼에도 불구하고 우리들은 의사결정에 관한 기본 원칙을 잘 알고 있지 못하거나 또는 잘못 알고 있는 내용이 많다.

올바른 것과 틀린 것 중에 하나를 고르는 의사결정은 고민거리가 아니다. 문제는 '거의 올바른 것'과 '거의 잘못된 것' 사이, 즉 어느 쪽이 더 낫다고 말할 수조차 없을 듯한 두 가지 중에서 선택할 때이다. 그런 경우 선뜻 의사결정할 수 없기 때문에 사람들은 판단에 근거가 되는 사실적 정보를 모으려고 한다. 왜냐하면 대부분의 사람들이 "올바른 의사결정은 사실적 정보를 바탕으로 판단하는 것이다."라고 생각하고 있기 때문이다. 하지만 이것은 잘못된 인식이다. 잘 따져 보면 대개의 경우 우리가 사실이라고 믿는 정보가 정말로 사실인지 알 수 없다. 실제로 사람들은 "이럴 것이다."라는 자신의 주관적 의견에서 출발한다. 그리고 거기에 맞는 사실적 정보를 찾아 자신의 의견이 옳음을 입증하려고 한다. 문제는 자신이 찾고자 하는 사실들을 찾는데 실패하는 사람은 단 한 사람도 없다는 것이다.

의사결정에서 가장 중요한 것은 '의사결정을 했느냐'가 아니다. '그 의사결정이 우리가 원하는 결과를 가져다 줄 것이냐'이다. 그러므로 의사결정 과정에서 진정으로 결정해야 할 것은 '우리가 올바른 의사결정을 했다'는 것을 어떻게 판단할 것인가에 관한 것이어야 한다. "효과적인 경영자는 무엇을 보아야 우리의 의견이 효과적이라는 것을 판단할 수 있는지를 습관적으로 묻고 또 묻습니다."라고 피터 드러커는 말했다. 결론적으로 올바른 의사결정은 의사결정이 의견에서 출발한다는 것을 인정하고, 결정한 가설이 맞는지를 어떻게 검증할 것인지를 결정하고, 그러고 나서 그 결과를 피드백하면서 수정하는 과정이다.

의사결정에 관한 두 번째로 잘못된 인식은 '효과적 의사결정은 합의에 의해서 나온다.'는 생각이다. 통상적으로 모인 사람들이 모두 동의하면 의사결정은 끝난다. 하지만 그 결과가 좋을 것이라고 확신할 수 없다. 올바른 의사결정은 공통의 이해와 대립적인 의견들, 그리고 엇비슷한 대안들에 대한 진지한 검토를 통해 도달하게 된다.

제너럴모터스의 창업자 알프레드 슬론은 최고 간부 회의에서 "여러분, 이 결정에 대해 의견이 완전히 일치되었다고 보아도 좋겠습니까?"라고 묻자, 참석자 전원이 동의했다. "그러면…, 이 문제에 대한 논의는 다음 회의까지 연기할 것을 제안합니다. 다른 생각도 좀 해보고, 우리가 내린 결정이 도대체 어떤 의미를 가지는지 이해할 시간이 좀 더 필요하다고 생각합니다."라고 했다. 이 사례는 올바른 의사결정을 위해 중요한 것이 무엇인가를 잘 보여주고 있다.

다음의 내용은 피터 드러커가 이야기한 효과적 지식근로자의 의사결정 원칙이다.

Check Point | 최고들의 의사결정 원칙

- 한번에 지나치게 많은 의사결정을 하지 않고, 중요한 문제 하나를 결정하는 데에 집중한다.

- 단순한 '문제해결' 차원이 아닌, 전략적이고 근본적인 차원을 생각한다.

- 의사결정이 도대체 무엇에 관한 것인지 그리고 그것이 해결해야 하는 현실적 문제가 무엇인지를 알려고 노력한다.

- 원칙에 따라 의사결정해야 할 때가 언제인지, 또 상황에 따라 효과적인 의사결정을 언제 해야 하는지를 안다.

- 원칙과 방침에 따라 문제를 해결한다. 그러므로 대부분의 문제를 단순한 원칙의 적용문제로 해결한다.

- 의사결정 시 전통적인 기준은 올바른 기준이 아니라고 가정한다.

- 의사결정 과정에서 가장 많은 시간을 필요로 하는 단계는 의사결정 그 자체가 아니라, 그것을 실행하여 목적을 달성하는 과정이라는 것을 알고 있다.

- 의사 결정 과정에서 속도를 특별히 중요하게 생각하지는 않는다. 그들은 많은 문제를 한꺼번에 능숙하게 처리하는 재주를 오히려 허점이 많은 사고 방식의 패턴으로 간주한다.

- 회의 서두에서 구체적인 목적과 그것이 이루어야 할 공헌에 대해 항상 설명한다. 그리고 목적에 맞게 회의가 진행되도록 한다.

- 어떤 솔직한 대답이 나와도 두려워하지 않고 질문한다.

- 사람들의 의견을 들으려고 하고, 의사결정 시 반대의견을 의도적으로 유도한다.

- 의견의 불일치가 없는 상황에서는 결론을 내리지 않는다.

- 의사결정 시 결정을 하거나 아니면 결정을 하지 않는다. 어중간한 결정을 하지 않는다.

- 최종적으로 판단한 사항을 다시 검토하지 않고 용기 있게 행동에 옮긴다.

> 효과적으로 의사 결정하는 능력은 오늘날 모든 지식 근로자, 최소한 책임을 지는 위치에 있는 모든 지식 근로자에게 있어 목표 달성 능력을 결정하는 요소가 되고 있다.
>
> —피터 드러커 Peter F. Drucker

왜 커뮤니케이션이 어려울까

설과석으로 나의 의사가 상대에게 전달되지 않았다면
커뮤니케이션은 실패한 것입니다.
당신은 당신의 의사를 상대에게 전달할 때 성공하고 있습니까?

 내 뜻을 상대에게 정확하게 전달하기 위한 커뮤니케이션 노력은 인류의 역사와 함께 해왔을 것이다. 하지만 오랜 역사에도 불구하고 그러한 노력의 결실을 얻지 못했음에 틀림없다. 오히려 커뮤니케이션이 제대로 안돼 만들어지는 문제는 점점 더 늘어만 가고 있다. 커뮤니케이션 전문가들이 여기저기에서 초청을 받으며 효과적 의사소통 방법을 설명하고 있지만 실제 현장의 커뮤니케이션 문제를 해결하지는 못하고 있다. 도대체 왜 커뮤니케이션 문제가 완전히 해결 됐다는 이야기를 소문으로조차도 듣지 못하고 있는 것일까?

 "인간에게 가장 중요한 능력은 자기 표현이고, 경영이나 관리는 커뮤니케이션에 의해 좌우된다"라고 말한 피터 드러커는 커뮤니케이션 문제 해결의 실마리를 제공해주는 네 가지 커뮤니케이션 원리를 정리했다. 네 가지 원리는 '커뮤니케이션은 지각이다.', '커뮤니케이션은 기대이다.', '커뮤니케이션은 요구한다.', '커뮤니케이션과 정보는 상이한 것으로 대립적이고, 상호 의존적이다.' 이다. 이 네 가지 원리의 의미를 명확히 이해한다면 상대방과 통하는 커뮤니케이션의 효과성은 크게 높아질 것이다.

첫 번째, 커뮤니케이션은 지각이다. 내가 말을 했다고 하더라도 상대가 듣지 않았거나, 들었지만 그 뜻을 이해하지 못했다면 커뮤니케이션은 실패한 것이다. "목수와 이야기할 때는 목수가 사용하는 말을 써야 한다."는 소크라테스의 말처럼 철저하게 수신자, 즉 듣는 사람 중심적일 때만 효과적인 커뮤니케이션이 가능하다.

두 번째, 커뮤니케이션은 기대다. 사람들은 원칙적으로 지각하기를 기대하는 것만을 지각한다. 더 중요한 것은, 기대하지 않았던 것은 전혀 받아들여지지 않는다는 사실이다. 결과적으로 수신자의 기대와 차이가 있으면 커뮤니케이션이 이루어지지 않는다. 그러므로 커뮤니케이션하기 전에 수신자가 무엇을 기대하고 있는지에 대해 알아야만 한다.

세 번째, 커뮤니케이션은 요구를 한다. 커뮤니케이션은 언제나 수신자들이 어떤 사람이 되기를, 무엇을 하기를 또는 무엇을 믿기를 요구한다. 그래서 커뮤니케이션 내용이 수신자의 가치관이나 목적에 부합하면 힘을 발휘하지만, 수신자의 동기에 어긋나면 전혀 받아들여지지 않아 커뮤니케이션이 이루어지지 않는다.

네 번째, 커뮤니케이션과 정보는 다른 것으로 상호 대립적이지만 상호 의존적이다. 정보는 형식적 논리다. 정보는 커뮤니케이션을 전제로 한다. 즉, 정보는 약속된 해석이 없으면 아무런 의미가 없다. 하지만 정보가 너무 많으면 커뮤니케이션은 실패할 가능성이 커진다.

수세기 동안 시행되어왔던 '상의 하달식' 커뮤니케이션은 효과를 발휘하지 못했다. 그 이유는 수신자의 입장, 기대, 요구를 무시하고, 내가 말하고 싶은 것만 일방적으로 말했기 때문이다. 물론 모든 요소를 고려하는 것은 불가능할 것이다. 아마도 그것이 커뮤니케이션 문제가 미궁 속에 빠진 이유일 것이다. 효과적 커뮤니케이션을 위해 필요한 노력은 우리가 함께 달성하려는 목표가 무엇인지를 끊임없이 확인하는 과정, 그리고 가능한 범위 안에서 경험을 공유하는 것이다.

지난해에 아들이 들어가길 원하는 중학교의 입학 설명회가 있었는데, 꼭 그래야 하는 것은 아니지만 일부러 아들을 데리고 갔다. 그렇게 한 목적은 '열심히 준비해야만 원하는 학교에 입학할 수 있다.'는 것을 이해시키는 것이었다. 평소 오래 집중하는 것을 어려워하는 아들은 약 1시간 동안이나 앉아 있었고, 내가 입학에 대해 더 이상의 말을 할 필요는 없었다.

Check Point | 커뮤니케이션 점검

• 당신의 커뮤니케이션은 잘 되고 있습니까?
□ 나의 의사를 정확히 전달하는데 실패한 적이 거의 없다.
□ 열심히 노력하고 있지만 어려움을 느낄 때가 많다.
□ 내 뜻을 전달하는데 실패를 한 적이 많다.

• 뜻대로 잘 안되고 있다면 커뮤니케이션의 4가지 원리에 비추어 무엇이 문제인지를 생각해 보세요.

만약 커뮤니케이션을 '나'로부터 '당신'에게로 향하는 것으로 이해 한다면, 커뮤니케이션은 성공할 수 없다. 커뮤니케이션은 오직 '우리' 중의 한 사람으로부터 다른 사람에게 전달됨으로써 성립되는 것이다.

―피터 드러커 Peter F. Drucker

성공적 혁신은 노력의 결과다

모자란 시간과 부족한 자원을 가지고 높은 성과를
올리기 위해서는 혁신적 노력이 필요합니다.
당신은 성공적 혁신으로 업무 성과와
생산성을 올린 경험이 있습니까?

세상은 발전적 변화를 거듭하며 오늘과 다른 내일을 만들어 가고 있다. 지구의 자원은 한정적이며 그나마 고갈이 되어 가고 있는데 어떻게 끝없이 발전해 가고 있는 것일까? 그것은 새롭게 부각된 핵심 자원의 힘 때문이다. 물적 자원을 가지고 제품을 만들고 생산성을 올리는 세상에서, 지식 자원을 활용하여 새로운 가치를 만들고 한계 없는 생산성을 올리는 세상이 됐다. 기업도 이러한 개념을 바탕으로 하는 지식 경영을 시작한 지 벌써 오래다. 개인도 마찬가지다. 하고 있는 일에서 주어진 시간 안에 고객을 만족시킬 수 있는 최고의 성과를 만들기 위해서는 가지고 있는 지식 자원을 생산적으로 활용하여 전혀 새로운 업무 방식과 새로운 가치를 창출하는 노력, 즉 혁신이 중요하다. 피터 드러커는 혁신이야말로 세상 발전의 원동력임을 강조하며 혁신의 핵심 원칙을 정리하였다.

혁신적 결과를 만들기 위해서는 우연이나 번뜩이는 영감에 의한 결과를 기대하지 않는 것이 우선이다. 거의 확률도 없고 실제적 결과도 없는 우연보다는 올바른 분석에 바탕을 둔 체계적 접근이 더 중요하다. 실제로 성공적 혁신 결과의 90%는 그러한 노력의 결과이다. 그 다음으로 중요한 것은 분명한 목적과 헌신적인 노력이다. 피터 드러커는 혁신을 위해 반드시 해야 할 일과 하지 말아야 할 일을 제시했다.

성공적 혁신을 위해서 반드시 해야 할 첫 번째 일은, 목적을 분명히 하고, 혁신 기회의 원천을 분석하는 것이다. 피터 드러커는 혁신을 위한 기회의 원천을 7가지로 정리하고 있다. 자세한 내용은 그의 저서 《피터 드러커의 위대한 혁신(Peter F. Drucker on Innovation)》을 참고하기 바란다. 두 번째는 직접 나가서 보고, 질문하고 그리고 경청해야 한다. 혁신의 방향을 정한 다음에는 반드시 현장에서 정보를 얻어야 한다. 세 번째는 어느 한 가지에 초점을 맞추어야 한다는 것이다. 혁신에 관련한 최고의 기회는 "우리는 왜 진작 이런 생각을 왜 못했지?" 라는 질문에 있다. 네 번째는 작은 곳에 초점을 맞추는 것이다. 작은 것에 초점을 맞출 때 진정으로 큰 결과를 얻을 수 있다. 이것이야말로 현장에서 일하고 있는 개인에게 혁신의 기회가 있음을 보여주는 것이다. 다섯 번째는 그 목표를 주도권을 잡는데 두어야 한다. 혁신적 아이디어를 통해 내가 무엇을 얻을 것인가를 분명히 하지 않으면 나와는 관계없는 일이 돼버리고 만다.

성공적 혁신을 위해 하지 말아야 할 것 세 가지가 있다. 첫째, 무조건 독창적인 것만을 하려고 해서는 안 된다. 너무 똑똑한 사람들만이 할 수 있는 어떤 것은 실패한다. 둘째, 한꺼번에 너무 많은 것을 하려고 시도해서는 안 된다. 언제나 여러 가지 일을 동시에 하면서 좋은 결과를 얻을 수는 없다. 셋째, 장래를 위한 혁신을 하려고 노력해서는 안 된다. 현재를 위해 혁신해야 한다. 십 년 후에 평가를 받을 수 있는 아이디어보다는 지금부터 영향을 주고 십 년 후에 꽃이 필 수 있는 생각이 좋은 생각이다.

아주 오래 전이지만 기업교육 프로그램인 '창의력 개발 과정'에 참여한 사람이 교육을 마친 후, "그나마 있었던 창의력마저 없어진 것 같다."라고 말하면서 그 교육 프로그램을 혹평하는 말을 들은 적이 있다. 가능성이 없어 보이는 창의력을 개발하는 것보다는 혁신적 결과를 얻을 수 있는 원칙을 적용하기 위한 노력을 집념과 책임감을 가지고 성실하게 지속하는 것이 더 좋을 결과를 만들 수 있다.

개인이든 조직이든 "어제의 것을 지키는 것은 내일을 창조하는 일보다 더 큰 위험을 동반한다."는 드러커의 말을 잊지 말아야 할 것이다.

Check Point | 업무 혁신 과제

- 당신의 업무 가운데 혁신적으로 해결해야 할 과제는 무엇입니까?

- 현재 위의 과제를 혁신적으로 해결하고 있지 못하다면 그 이유는 무엇일까요?

> 혁신은 기회의 원천을 체계적으로 분석하여 하나의 기회를 포착한 다음, 그곳에 초점을 맞춤으로써 성공한다.
>
> —피터 드러커 Peter F. Drucker

Chapter · 07

최고들의 자기관리법 5

원칙 : 생산적 인간관계를 형성한다

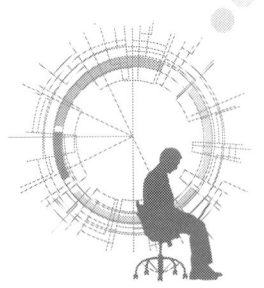

인간관계에 대해 고민하지 말라

사람들은 예절 바른 사람, 상대의 이야기 잘 들어 주는 사람,
상대를 배려하는 사람이 인간관계가 좋은 사람이라고 생각합니다.
그런 사람이 되기 위해 노력하면 정말 인간관계가 좋은 사람이
될 수 있을까요?

인간관계는 세상을 사는 모든 사람들에게 평생 중요한 주제이다. 그것은 태어나면서부터 시작되고, 죽을 때 끝나는 일이기 때문이다. 유치원에 들어가기 전부터 우리는 다른 사람과 함께 사는 방법을 배웠지만, 오히려 나이를 먹어 갈수록 인간관계의 어려움을 느낀다. 실제로 성인이 되어 참여하는 기업 내 교육의 주제에서 '인간관계'가 빠지지 않는 것은 그 증거 중에 하나일 것이다.

기업의 직원들을 대상으로 한 강의 중에 '조직에서 인간관계를 잘하는 사람들의 공통점을 몇 가지만 꼽아보라'고 하면 대개 다음과 같은 답이 나온다. '예절 바른 사람', '상대의 이야기를 잘 들어주는 사람', '상대를 배려하는 사람', '유머 감각이

있는 사람', '칭찬을 잘하는 사람' 등이다. 그렇다면 앞서 나열한 특성을 가진 사람이 되기 위해 노력하면 조직 안에서 인간관계에 성공할 수 있을까?

피터 드러커에 따르면, 실제로 인간관계를 잘하는 사람은 인간관계에 특별한 신경을 쓰고 있지 않다고 한다. 조금 허무하게 들리는가? 그는 인간관계의 본질은 생산적 관계이며, 공헌에 초점을 맞추어야 한다고 주장한다. 앞에서 공헌에 대한 얘기를 할 때에도 언급했지만, 인간관계를 잘하기 위해서는 업무와 다른 사람의 관계에 있어서 무엇을 공헌해야 하는가를 고민해야 한다. 마치 축구 경기에서 미드필더가 공격수에게 결정적인 패스를 연결하는 것처럼, 나와 관계있는 사람의 목표 달성에 기여한다면 그와는 좋은 관계가 된다. 반대로 내가 상대방의 목표 달성에 기여하지 못한다면, 그와는 좋은 관계가 유지될 수 없다. 나 역시 나의 목표 달성에 도움을 주는 사람과 좋은 관계를 유지하게 된다. 결국 좋은 인간관계를 만들기 위해서는 상호 간에 힘이 되는 관계, 즉 생산적 관계가 형성돼야 한다.

이 얘기가 너무 딱딱하거나 업무 지향적이라고 생각하는 사람도 있을 것이다. 하지만 당신은 조직에 속해 있다. 솔직히 함께 일하는 사람(그가 상사이든, 부하이든, 동료이든)이 해야 할 일을 제대로 못하고, 나의 성과 향상에 도움을 주지 못하면, 안정적인 인간관계는 결코 기대할 수 없다. 그가 성실하고 착한 사람일지라도 일을 잘 못하면 좋은 사람이 될 수 없다. 결국 내심 불편한 관계가 되고, 그에게 하는 격려와 위로는 표리부동한 행동이 된다. 그와는 반대로 함께 일하는 사람이 일을 잘 해내고, 나의 목표 달성에 큰 도움이 되면, 그가 예의에 벗어난 행동을 할지라도 그다지 큰 문제는 되지 않을 수 있다. 그러면서 안정적 인간관계가 형성된다. 결국 자신의 일에서 높은 성과를 내는 것이 다른 사람과 협력을 구하고, 신뢰를 올리는 유일한 방법이 된다.

함께 일하는 사람과 진정으로 좋은 인간관계를 원한다면, 단순히 상대에게 호의를 베푸는 행동을 할 것이 아니라 생산적인 관계가 될 수 있도록 노력해야 한다. 즉, 그는 나에게 무엇을 공헌해야 하고, 나는 그에게 무엇을 공헌해야 서로에게 힘이 되는가를 고민해야 한다. 그러면 자연스럽게 발전적인 관계가 형성되고, 서로 성장하는 관계가 된다. 또한 이런 관계가 오래 지속된다.

서로에게 공헌하는 생산적인 인간관계는 조직에서의 인간관계 뿐 아니라 일반적 인간관계의 본질이기도 하다. 부모 자식간의 인간관계 역시 상호 생산적 관계이다. 부모는 자식의 성공을 위해 헌신적으로 공헌하고, 자식의 건강과 행복은 그 자체로 부모에게 기쁨이 되기 때문에 상호 공헌하는 관계가 된다. 오랜 인간관계이지만 한순간에 남이 되는 것은 함께하는 기간 동안 진심으로 상대방의 성장에 공헌하지 못했기 때문일 것이다.

Check Point | 인간관계 점검

• 당신과 함께 일하는 사람들과의 인간관계는

☐ 상호 생산적이다. (서로의 목표 달성에 힘이 된다.)
☐ 피상적이다. (서로의 목표 달성에 별 도움이 되지 않는다.)
☐ 상호 비생산적이다. (서로의 목표 달성에 방해가 된다.)

• 현재 생산적 인간관계를 형성하고 있지 못하다면 그 이유는 무엇일까요?

> 사실 인간관계 측면에서 평가를 받는 사람들은 '인간관계'에 대해 고민하지 않는다. 공헌에 초점을 맞추는 활동 그 자체가 효과적인 인간관계를 유지시켜 준다.
>
> —피터 드러커 Peter F. Drucker

생산적 인간관계를 만들자

서로의 목표 달성과 성장에 힘이 되는
생산적 인간관계가 좋은 인간관계입니다.
당신은 함께 일하는 사람들과 좋은 인간관계를 유지하기 위해
어떤 노력을 하고 있습니까?

직장을 퇴직하고 난 후에도 직장 동료들과 좋은 인간관계를 유지하는 것은 쉬운 일이 아니다. 비즈니스 관계로 다시 만나게 되는 경우가 아니라면 관계가 소원해지는 것이 오히려 자연스러운 일이다. 하지만 한편으로는 직장 동료들과 오랜 시간 함께 했던 시간의 두께를 느끼지 못하고, 인간관계의 부실함을 느끼는 순간 허탈한 생각도 든다. "사회 생활이라는 것이 다 그런 거지 뭐." 하고 털어버리면 그만이기도 하지만 "앞으로의 삶 속에서 만나게 될 사람들과의 관계는 또 무엇인가?"하는 의문이 든다. 하지만 다행히 이런 고민의 답을 피터 드러커의 인간 관계론에서 찾을 수 있다.

피터 드러커는 "좋은 인간관계를 위해서는 상호 공헌하는

생산적 관계를 만들어야 한다."고 했다. 상대의 성장과 행복에 내가 힘이 되고, 반대로 나의 성공에 그가 힘이 된다면 상호 공헌하는 생산적 관계가 된다는 것이다. 생산적 관계를 언뜻 경제적인 관계 또는 업무적인 관계에서 주니까 받고, 받았으니까 주는 'give & take' 관계로 생각할 수 있다. 하지만 그것은 결코 아니다. 여기서 말하는 것은 결과적으로 상호 힘이 되는 관계를 형성하라는 것이다. 이러한 명제를 삶에 적용하기 위해 나는 생산적 인간관계를 만들기 위한 워크시트를 개발했다.

생산적 인간관계를 형성하기 위해서는 이 글의 마지막 쪽에 있는 생산적 인간관계 워크시트를 활용하는 방법을 살펴볼 필요가 있다. 순서적으로 볼 때 좋은 인간관계를 형성하고 싶은 대상을 먼저 기록한다. 그 사람은 비즈니스 관계에 있는 사람이어도 좋고, 부모 자식간의 관계처럼 자연적 관계도 좋다. 그 다음 순서는 '그가 나에게 어떤 공헌할 수 있을 것인가?'를 생각하는 것이다. 우리는 흔히 사람을 만날 때 '이 사람과 잘 지낼 수 있을까?'를 고민하지만 그것보다는 '상대방이 나에게 힘이 될 수 있는 부분, 나에게 도움이 될 수 있는 부분은 무엇일까?'를 생각해야 한다. 그것이 분명해지면 생산적 인간관계의 절반은 가능성이 생긴 것이다. 그 다음은 반대로

'내가 그에게 공헌할 수 있는 것은 무엇인가'를 정리한다. 즉, '그가 목표를 달성하는데 내가 어떻게 공헌해야 하는지', 또는 '그의 성공과 행복에 어떻게 힘이 되어야 하는지'를 생각하면 된다. 그러고 나서 바로 전 순서에서 정리한 대로 '내가 그에게 공헌하기 위해 무엇을 어떻게 해야 할 것인가'에 대한 구체적 행동 목표를 정한다. 물론 마지막 단계는 결정한 행동 목표를 달성하기 위해 행동하는 것이다.

작은 조직의 상황을 바탕으로 워크시트 작성 예를 들어 보겠다. 상사의 입장에서 생산적 인간관계를 형성하고자 하는 부하 직원이 있다. 그 상사가 부하 직원에게서 바라는 것은 '주도적으로 열심히 일하고, 조직이 요구하는 성과를 만들어 주는 것'이다. 다음은 그 상사가 부하 직원에게 어떻게 공헌할 것인가를 생각한다. 즉, '작은 조직이지만 전문가로 성장할 수 있다는 비전과 성장의 기회를 주는 것'이 된다. 마지막 순서로 그에게 공헌하기 위한 행동 목표는 '가능한 많은 업무 경험을 갖게 해주고, 또한 역량을 개발할 수 있는 교육 기회를 제공하는 것'이다. 상대에게 진정으로 공헌하기 위한 마음으로 기록한 내용을 실천에 옮긴다면, 비즈니스 관계에서의 성공을 넘어 평생의 인간관계로 발전할 수 있을 것이다. 이것이 진정한 생산적 인간관계이다.

강의를 하는 중에 '생산적 인간관계'에 대한 이야기는 교육생들이 가장 민감하게 반응하는 부분이다. "논리는 이해가 되는데, 우리 사회의 정서상 받아들이기 어렵다."는 것이다. 그러나 진심으로 그의 성공과 행복에 공헌하고자 하는 마음을 갖는다면 그와의 관계는 분명히 달라진다. 그가 만일 나의 진정한 공헌에 고마움을 표하고자 한다면, 이왕에 나에게 힘이 되는 쪽으로 행동해 줄 것을 분명히 하는 것이 서로를 존중하며 함께 성장하는 방법이 될 것이다. 의심이 든다면 실제로 한번 시도해보라. 그리고 다시 판단해도 좋다.

Check Point | 생산적 인간관계를 만드는 방법

이름	그의 공헌	나의 공헌	공헌하기 위한 행동
○○○ 연구원	주도적인 업무와 높은 성과	비전 제시 및 성장의 기회	교육 기회의 제공 정기적 비전 제시

좋은 인간관계는 대인 관계 기술을 터득한다고 되는 것이 아니다. 자신의 업무와 다른 사람들과의 관계에 있어서 공헌 여부를 중시하면 인간관계도 자연 좋아진다. 생산적인 인간관계가 곧 좋은 인간관계이다.

―피터 드러커 Peter F. Drucker

리더의 과제는 에너지 창출이다

리더십은 단순히 누군가를 이끄는 것이 아닙니다.
리더십은 오직 목표 달성에 의해서만 평가를 받을 수 있습니다.
그렇다면 당신은 목표를 달성하는 리더입니까?

"비즈니스 세계에서 사람들이 가장 많이 쓰고 있는 단어는 무엇일까?" 아마도 그 중에 하나는 리더십일 것이다. 세상이 빠르게 바뀌고, 복잡·다양해지면서 그러한 상황을 돌파해 가야 하는 리더와 리더십의 요구가 높아지고 있다. 그 결과로 리더십에 대한 이론이 끊임없이 쏟아지고 있다. 대형 서점에 가보면 리더십을 다루고 있는 책의 종류도 엄청나게 많다. 심지어 리더십 코너가 별도로 있을 정도이다. 기업 내 교육의 주제에서도 결코 빠지는 경우가 없다. 어린이와 청소년에게도 리더십은 이미 중요한 주제다. 이렇게 리더십에 대한 정보는 쏟아지고 있지만 정작 리더십이 무엇인지 명쾌하게 말할 수 있는 사람이 그리 많아 보이지 않는다. 오히려 리더십이 무엇인지를 아는 것은 점점 어려워지고, 혼란스럽기만 하다.

'리더십'이라고 하면 대부분의 사람들이 카리스마를 떠올린다. 아마도 우리의 기억 속에는 스탈린과 히틀러같이 카리스마가 있었던 리더들이 주로 남아 있기 때문일 것이다. 하지만 곰곰이 따져 보면 카리스마가 있는 리더가 훌륭한 리더였다고 볼 수는 없다. 오히려 뛰어난 리더로 기억되는 사람 중에는 링컨과 처칠같이 전혀 카리스마가 없었던 사람이 더 많다. 그렇게 보면 리더십과 카리스마는 별 상관관계가 없다.

또 한편으로 우리들의 머리 속에 있는 리더들은 영화의 주인공과 같은 화려한 모습이다. 전쟁을 진두에서 지휘하는 용맹한 장수의 모습처럼 스펙터클하다. 그러나 현실 속의 리더는 영웅적인 모습이 아니다. 그들은 목표를 달성하기 위해 묵묵히 일하는 우리 주변의 보통 사람들이다. 모습 또한 별로 화려하지 않다. 오히려 평범하다 못해 아주 지루한 모습인 경우가 대부분이다. 그들은 실제 리더십이란 것에 큰 의미를 두지 않는다. 이를 단지 리더로서 목표를 달성하기 위한 수단으로 생각한다. 즉, 목표를 달성하면 리더십이 있는 것이고, 목표를 달성하지 못하면 리더십이 없는 것이다. 그러므로 리더십의 본질은 오직 그것이 달성하는 성과에 달려 있다. 흔히 우리는 이렇게 말한다. "그 사람은 리더로서 자질이 있어." 하지만 그것은 틀린 말이다. 목표 없는 리더십은 존재할 수 없다. 중요한 것은 리더십 그 자체가 아니라 '어떤 목표를 달성하기 위한 리더십인가?' 이다. 히딩크가 축구 감독으로서는 훌륭한 리더이지만, 그가 한 가족의 가장으로서도 훌륭한 리더인지는 얘기할 수 없다. 일찍부터 경영의 본질을 이야기해온 피터 드러커는 현대 사회에 자리 잡은 리더십에 대한 편견을 지적하고, 리더십의 본질을 일, 책임감 그리고 신뢰라고 밝혔다.

리더십의 첫 번째 본질은 일이다. 일이란 가치를 창출하기 위한 목표달성과정이다. 리더십의 본질은 일을 잘하는 것, 즉 올바른 목표를 달성하는 것이다. 효과적인 리더는 조직의 사명과 성과에 공헌할 수 있는 올바른 목표를 설정한다. 올바른 리더와 그렇지 않은 리더를 구별하는 것은 그들이 세운 목표를 보면 알 수 있다.

리더십의 두 번째 본질은 책임감이다. 즉, 목표 달성에 대한 책임이다. 리더로서 올바른 목표를 설정하고, 제시했다 하더라도 그것에 대한 책임을 스스로 지지 않고 누군가에게 전가한다면 리더십을 발휘할 수 없다. 효과적인 리더의 궁극적인 과제는 함께 일하는 사람의 에너지와 비전을 창출하는 것이다.

리더로서 분명한 목표를 제시하고 책임 있는 자세를 분명히 했지만, 진정한 리더십을 발휘하기 위해서는 부하 직원들에게 신뢰를 얻어야 한다. 만일 부하 직원들이 리더를 믿지 못하는 상태에 있다면, 리더십은 발휘될 수 없다. 말과 행동이 다르고, 앞과 뒤가 다른 사람을 믿고 따라 갈 사람은 없다. 리더십의 세 번째 본질은 일관성에 기초를 둔 신뢰이다.

최근 리더십에 관한 이론이 너무 많아 좀처럼 중심을 세우고, 갈피를 잡을 수가 없다. 새로운 개념의 리더십을 공부하다 보면, 또 새로운 리더십이 소개될 정도이다. 올바른 목표를 달성하는 리더가 되기 위해서는 유행을 쫓기보다는 리더십의 본질에 충실해야 한다.

Check Point | 리더십 피드백

• 나는 누구의 리더인가?

• 나는 그들과 함께 달성해야 할 목표를 명확하게 설정하고 있는가?

• 나는 리더로서 목표 달성에 대한 책임의식이 있는가?

- 그들은 리더인 나를 신뢰하는가?

- 효과적 리더가 되기 위하여 개선해야 할 점은?

> 효과적으로 일하는 리더는 결코 '나'라고 말하지 않는다. '나'를 생각하지 않고 '우리' 혹은 '팀'을 생각한다. 팀이 제 기능을 다하게 하는 것이 자신의 임무라는 것을 안다. 책임은 피하지 않고 '내'가 받아들이지만, 명성은 '우리'가 얻는다. 이로 인해 믿음이 생기고 일할 수 있는 동력이 생긴다.
>
> —피터 드러커Peter F. Drucker

Chapter · 08

최고들의
자기관리법 6

원칙 : 자신과 타인의
강점을 활용한다

오직 강점으로만 성과를 올릴 수 있다

당신의 업무 성과를 기다리는 고객을 만족시키기 위해서는
그 누구보다 더 높은 수준의 결과물을 내놓아야 합니다.
당신이 그렇게 할 수 있는 일은 무엇입니까?

아인슈타인은 바이올린을 연주하는 것을 무척 좋아했다고 한다. 그는 "내가 만일 교향악단에서 연주할 수 있는 수준의 능력을 얻는다면, 노벨상을 비롯하여 내가 가진 모든 것을 내놓아도 좋다."고 했을 정도이니, 그가 얼마나 바이올린 연주를 좋아했는지 알 수 있다. 그는 하루에 4시간씩 바이올린 연습을 하기도 했지만 안타깝게도 거기에는 조금의 재능도 없었다. 반면에 그는 수학 문제를 푸는 것을 무척 싫어했지만 결과적으로 볼 때 거기에 분명한 강점이 있었다. 만일 그가 바이올린 연주에 자신의 시간과 에너지를 모두 썼다면 아무도 기억하지 않는 거리의 악사조차 되지 못했을 것이다.

하루 종일 일을 하면서 아쉬운 것은 시간이 절대 부족하다는

것이다. 그 이유는 고객의 요구 수준이 점점 더 높아지고 있기 때문이다. 고객을 만족시키지 못하면 조직이 목표하는 부가가치는 만들어지지 않는다. 그러므로 일하는 사람은 주어진 시간 동안 최고 수준의 목표를 달성하기 위해 최선을 다해야 한다. 한정된 시간 동안에 최고의 결과를 만들기 위해서는 무엇보다도 자신이 지금 가지고 있는 것을 잘 활용해야 한다. 현재 가지고 있지 않은 것으로는 결코 성과를 올릴 수 없다. 자신이 남보다 더 가지고 있는 것, 즉 강점을 활용해야만 가능한 최고의 결과를 만들 수 있다. 아무리 해도 안되는 약점을 가지고서는 고객을 만족시킬 수 있는 결과물을 만들어 낼 수 없다. 약점에 시간을 쓰는 것은 낭비다.

강점이란 개인이 이미 가지고 있는 것으로써 남보다 우수한 점을 말하며 사고적, 언어적, 기술적, 신체적 재능 등 다양한 강점 영역이 있을 수 있다. 효과적 지식근로자, 즉 높은 성과를 올리는 사람들은 자신이 잘할 수 있는 일을 하고 있으며, 아무리 노력해도 잘 안 되는 일을 결코 하지 않는다. 또한 그들은 자기가 잘할 수 있는 방법으로 일하고 있다. 예를 들어 자신이 '다른 사람들과 함께 어울려 일을 잘 하는 스타일인가?' 아니면 '혼자 일하는 스타일인가'를 알고 있다. 진정으로 성과를 올리길 바란다면 자신이 왼손잡이인지 또는 오른손잡이인지를 아는 것은 매우 중요한 일이다. 보다 높은 성과를 통해 조직에 기여하고 성장하는 사람이 되기 위해서는 제일 먼저 자신의 잘하는 분야를 찾고, 자신의 강점을 살릴 방법을 알아야 한다. 더불어 자신의 한계를 명확히 인식하고, 자신의 강점을 최대한 활용하기 위해 집중적 에너지를 써야 한다.

전통적으로 교육시스템은 개인의 약점을 보완하는데 초점을 두어 왔다. 약점을 보완하는 것은 학교 교육의 목표인 전인교육적 측면에서 의미가 있지만, 성인이 된 후에는 결코 의미가 될 수 없다. 만일 자신의 약점을 찾아 개선하기 위해 시간을 쓴다면 절대 시간이 부족한 상황에서 그것은 낭비다. 프로페셔널로서 조직과 사회에 진정으로 기여하기 위해서는 반드시 자신의 강점을 바탕으로 성과를 산출해야 한다.

피터 드러커의 대학 시절, 독일인 친구 프리츠 크레머가 "나의 꿈은 위대한 외무장관의 정치적 멘토가 되는 것이야."라고 말하자, 드러커는 "너는 왜 직접 외무장관이 되지 않으려는 거야?"라고 물었다. 크레머는 "나는 내가 사색가이지 행동가가 아니라는 것을 잘 알아. 세간의 주목을 받거나 연설을 하는 것은 내 역할이 아니야."라고 답했다. 그리고 그는 훗날, 미국의 국무장관이 된 헨리 키신저를 만들어 냈다.

Check Point | 초등학교 생활기록부

'매사에 진취적이며 영이에 소질이 많다.' : 성신제(성신제피자 대표)
'두뇌가 명석하며, 손재주가 많다.' : 조현정(비트컴퓨터 회장)
'재기 발랄하며 타인 앞에서 웃음을 주는 일을 즐긴다.' : 김미화(개그맨)
'그림에 뛰어난 소질이 있으나, 공부에 게으르다.' : 박재동(한국종합예술학교 교수)

• 당신의 초등학교 생활기록부를 확인해 보세요.

> 사람은 오직 자신의 강점으로만 성과를 쌓아 올릴 수 있다. 자신이 할 수 없는 어떤 것으로 성과를 올릴 수 없듯이 약점을 바탕으로 성과를 쌓아 올릴 수 없다.
>
> —피터 드러커 Peter F. Drucker

강점에 집중하라

성실하지만 평범한 사람들이 높은 성과를
올릴 수 있는 방법은 자신이 잘하는 것을 하는 것입니다.
당신의 자신의 강점과 약점을 정확히 알고 있습니까?

통계에 따르면 사람들이 신년 초에 갖는 새해 결심의 80%가 매년 똑같다고 한다. 이 말의 의미는 사람들이 매년 자신의 약점을 고치려는 쓸데없는 노력을 되풀이하고 있다는 것이다. 그리고 보통 사람들의 삶이 얼마나 효과적이지 못한가를 여실히 보여주고 있다. 사람들이 보다 효과적인 삶을 살아가기 위해서는 자신의 강점을 찾아 그곳에 에너지를 집중하는 것이 중요하다.

대부분의 사람들은 '자신이 무엇을 잘하는지'를 알고 있다고 생각하지만, 실제로는 그렇지 못하다. 강의 중에 자신의 강점, 즉 뛰어난 점을 이야기해보는 시간을 주면 대부분 자신의 좋은 점을 이야기하는데 그치고 말아, 자신의 강점을 거의 알고 있지 못하다는 것을 알 수 있다. "사람은 오직 강점으로만 성과를 올릴 수 있다."는 말을 처음 접하는 사람들도 많아 보인다.

규제와 관습에 묶인 과거 사회에서 강점을 안다는 것은 의미가 없었다. 반면에 현대 사회에서는 개인이 어떤 종류의 일을 할 것인지를 선택할 수 있고, 또 선택해야 하기 때문에 자신이 무슨 일에 적합한지를 알기 위해 자신의 강점을 아는 것은 매우 중요하다.

피터 드러커는 강점을 발견할 수 있는 유일한 방법은 '피드백 분석'이라고 했다. 피드백 분석이란 어떤 중요한 의사결정이나 행동을 할 때마다 스스로가 예상하는 결과를 기록해 두고, 일정 시간이 지난 뒤에 자신이 기대했던 바와 실제 결과를 비교해 보는 것이다. 피드백 분석을 통해 자신이 어떤 일을 해야만 강점을 최대한 발휘할 수 있는지, 혹은 강점을 발휘하기 위해 어떤 일을 하지 말아야 하는지를 알게 된다. 예를 들어 다니던 직장을 그만두고 희망찬 목표를 정해 창업을 한 후 1년이 되어 돌아보며 당초 목표와 비교해 보면, 자신이 회사 경영에 강점이 있는지 없는지를 알 수 있을 것이다.

그런데 이 방법은 상당히 긴 시간을 기다려야 하는 인내심과, 불확실한 미래의 시간을 투자해야 하기 때문에 쉽게 시작하기 어려운 단점이 있다. 다른 방법으로는 지금의 시점을 중심으로 과거의 나의 성과를 분석해 보는 것이다. 이 방법 또한 과거의 정보를 충분하게 기억해야 하기 때문에 쉽지는 않다. 그래도 지금 시점에서 답을 구할 수 있다는 장점이 있다. 그러고 나서 자신이 구한 답을 검증해 본다면 비교적 정확한 답을 찾을 수 있다. 검증 방법으로는 자신을 아는 타인에게 자신의 강점과 약점을 확인해 보고, 자신이 찾은 답과 비교해 보는 것이다. 이것은 다른 사람이 나를 어떻게 보고 있는지를 알 수 있기 때문에 개인적으로 흥미진진한 일이 된다. 다만 사람들이 나에게 관심이 없다는 사실을 확인하게 되는 충격도 감수해야 한다. 타인을 통해 나의 강·약점을 확인할 때는 강점과 장점, 그리고 단점과 약점을 구별할 수 있도록 사전 설명이 필요하다. 그것도 여의치 않으면 "내가 어떤 일을 하면 성공할 수 있을까?"와 "내가 절대로 해서는 안 되는 일은 무얼까?"라고 질문하면 답을 얻을 수 있다.

이런 과정을 통해 강점을 찾은 후에는 자신이 잘할 수 있는 강점에 에너지를 집중해야 하며 더 잘할 수 있도록 강점을 개선해 나가야 한다. 그 때 비로소 고객을 만족시킬 수 있는 성과 창출의 가능성을 갖게 되는 것이다. 반대로 아무리 해도 성과가 오르지 않는 부분에 시간과 노력을 투입해서는 안된다. 드러난 약점에 관련해서는 강점을 가지고 있는 사람을 통해서 전체 성과를 만들어 가야 한다. 자신이 모든 것을 다 잘할 수 있다고 믿는 오만하고 어리석은, 그래서 비효과적인 사람이 되지 말자.

Check Point | 나의 강점, 약점

• 내가 생각하는 나의 강점은

• 다른 사람이 생각하는 나의 강점은

• 내가 생각하는 나의 약점은

• 다른 사람이 생각하는 나의 약점은

> 대부분의 사람이 자신이 잘하는 것이 무엇인지 알고 있다고 생각한다. 그러나 그들 대부분은 잘못 생각하고 있다. 사람들은 자신이 '잘하지 못하는 것'이 무엇인지를 더 잘 알고 있다.
>
> —피터 드러커 *Peter F. Drucker*

나는 어떻게 성과를 올리는가

사람은 저마다 일하는 방식이 다르며,
자신이 잘하는 방식으로 일할 때 좋은 결과를 얻을 수 있습니다.
당신은 자신의 업무 수행 스타일을 알고 있습니까?

    사람들은 저마다 다르게 태어났다. 외모가 다르고, 성격도 다르다. 그 외에도 세세하게 다른 점이 너무 많지만, 그 중에 한 가지는 일하는 스타일이다. 그런데 놀랍게도 많은 사람들이 자신이 어떤 방식으로 일하고 있는지 전혀 모르고 있다. 어쩌면 생각조차 해보지 않은 사람들이 대부분일 것이다.

    강점 활용의 중요성을 강조한 피터 드러커는 "사람마다 각자의 강점이 다르듯이 성과를 올리는 방식도 다르다. 사람은 자신이 잘하는 것을 함으로써 결과를 얻는 것과 마찬가지로, 자신이 잘하는 방식으로 일할 때 결과를 얻을 수 있다."라고 말했다. 그러므로 높은 성과를 올리기 위해 일하는 사람이라면, 자신의 일하는 스타일을 아는 것은 매우 중요한 일이다.

드러커는 자신이 어떤 방식으로 성과를 올리는지를 알기 위한 몇 가지 요소를 제시했다. 첫 번째는 '정보 수집 방식'으로 자신이 '읽는 자'인지, '듣는 자'인지를 파악하는 것이다. 두 번째는 자신이 어떻게 배우는가를 파악하는 것이다. 자신이 '말하는 것을 스스로 들으면서 배우는 사람'인지, '쓰면서 배우는 사람'인지, '실제로 행하면서 배우는 사람'인지를 아는 것이다. 세 번째는 자신이 '다른 사람들과 함께 어울려 일을 잘하는 스타일'인지, 아니면 '혼자 일하는 스타일'인지를 파악하는 것이다. 네 번째는 자신이 '긴장감 속에서 일을 잘하는 사람'인지, 아니면 '구조화되고 예측 가능한 환경에서 일을 잘하는 사람'인지를 파악하는 것이다. 다섯 번째는 자신이 '큰 조직에서 부분적인 업무를 담당할 때 일을 잘하는 사람'인지, 아니면 '작은 조직에서 최고로 대접 받을 때 일을 잘하는 사람'인지를 아는 것이다. 여섯 번째는 자신이 '의사결정자로서 역할을 할 때 결과를 얻는지', 또는 '조언가로서 역할을 할 때 높은 성과를 올리는지'를 아는 것이다. 드러커가 제시한 몇 가지 요소 외에도 '하루 중 어느 때 집중을 잘하는지', '글을 쓸 때 어떤 방식으로 쓰는지', '여러 사람 앞에서 발표를 할 때 어떤 식으로 준비하는지', '긴장감 또는 압박감의 유무에 따라 어떻게 일하는지' 등 자신의 일하는 방식에 관련된 요소는 매우 많다.

자신의 업무 수행 경험에 대한 피드백 분석을 통해 자신의 일하는 스타일을 찾았다면, 자신을 바꾸려고 노력해서는 안된다. 대신에 자신이 최상의 성과를 올릴 수 있는 방식을 향상시키기 위해 노력해야 한다. 반대로 자신이 성과를 올리지 못하는 방식으로 일을 해서는 안된다.

드러커가 제시한 내용을 바탕으로 나의 업무 방식을 피드백해보면 나는 듣는 자이고, '쓰면서 배우고, 팀과 함께 일하면서 각자의 책임이 분명할 때 일을 잘하고, 상대의 의사결정을 돕는 일을 할 때 높은 성과를 낸다. 그리고 나는 아침에 집중을 잘하고, 발표를 할 때는 충분히 준비된 원고를 가지고 할 때 실수가 없고, 약간의 압력이 있지만 시간이 충분할 때 일을 잘한다.

살면서 종종 '내가 누구인가?'에 대한 질문을 스스로에게 던진다. 그러나 대개의 경우 결론이 없는 선문답으로 끝나게 된다. 그러므로 자신을 알기 위한 구체적인 질문을 던지는 것이 중요하다. 그 질문은 '나의 강점과 약점은 무엇인가? 나는 어떤 방식으로 일할 때 높은 성과를 올리는가? 나의 가치관은 무엇인가?'이다. 적어도 이 세 가지 질문은 자신이 어디에서 무슨 일을 해야 할지에 대한 답을 줄 것이다.

Check Point | 나의 업무 수행 스타일

☐ 나는 읽는 자(reader)인가?
☐ 나는 듣는 자(listener)인가?

☐ 자신이 스스로 말하는 것을 들으면서 배우는 사람인가?
☐ 쓰면서 배우는 사람?
☐ 실제로 행하면서 배우는 사람?

☐ 다른 사람들과 함께 어울려 일을 잘하는 스타일인가?
☐ 혼자 일하는 스타일인가?

☐ 조용한 곳에서 혼자 있을 때 집중이 잘 되는가?
☐ 여행할 때 집중을 잘 되는가?

☐ 긴장감 속에서 일을 잘하는가?
☐ 고도로 구조화 되고 예측 가능한 환경을 필요로 하는가?

☐ 거대한 조직의 작은 부분으로 존재할 때 일을 잘하는가?
☐ 작은 조직에서 최고로 대접받을 때 가장 일을 잘하는가?

☐ 의사결정자로서 결과를 얻는가?
☐ 조언가로서 결과를 얻는가?

> 자신을 바꾸려고 노력하지 말라. 이런 방법은 성공가능성이 낮다. 대신에 자신이 최상의 성과를 올릴 수 있는 방식을 향상시키기 위해 노력해야 한다. 자신이 성과를 올리지 못하는 방식 또는 미미한 성과밖에 올리지 못하는 방식으로 일을 해서는 안 된다.
>
> — 피터 드러커 Peter F. Drucker

당신의 가치관은 무엇인가

한 사람의 가치관은 그 사람의 인생 목적입니다.
당신에게 가치관이 무엇이냐고 묻는다면
지금 바로 답변할 수 있습니까?

'가치관' 하면 왠지 윤리 교과서에 나오는 이야기 같고, 고리타분한 생각이 든다. "그런 것 없어도 사는데 문제없어." 하는 사람도 있겠지만, 가치관은 한 개인이 사는 이유이고, 목적이기 때문에 개인의 삶을 평가하는데 있어 매우 중요한 요소이다. 드러커의 이야기대로 한 사람의 가치관은 그 사람의 삶에 대한 궁극적인 평가 기준이 된다. 특히 지식근로자로서 효과적으로 일하고, 성공적인 경력을 만들어 가기 위해서는 자신의 강점, 성과를 올리는 방식과 더불어 자신의 가치관을 알아야 한다.

자신의 가치관을 아는 방법은 자신의 내면 깊이 들어가는 것이다. 소크라테스의 말대로 "너 자신을 알라"에 대한 답을 찾는 것이다. 하지만 이 질문에 답을 찾는 것은 조금 생각하고 얻을 수 있는 일은 아니다. 어쩌면 죽을 때까지도 그 답을 얻지 못할 수도 있다. 그래서 사람들은 생각을 많이 하지 않고 답을 찾을 수 있는 진단 도구를 선호한다. 이 글의 마지막 쪽에 있는 내용은 경력 카운슬링 분야의 대가로 알려진 미국의 리처드 N. 볼스가 쓴 책《당신의 파라슈트는 어떤 색깔입니까?》중에 나오는 진단 도구로, 자신의 가치관을 찾는데 도움이 된다. 그렇다고 내면에 대한 성찰을 포기해서는 안된다. 두 가지 방법 모두를 시도해 보고, 그 결과를 비교해 보는 것이 자신의 가치관을 잘 찾을 수 있는 가능성을 높여 줄 것이다.

이런 과정을 통해 자신의 인생을 바칠 사명을 찾는다면, 그 때가 어떤 때라도 결코 늦지 않을 것이다. 불행하게도 현대 사회를 사는 대부분의 사람들은 자신에게 가장 가치 있는 일을 하고 있지 못하다. 반면에 자신이 잘하고 있고, 성공적으로 하고 있는 일이지만 가치를 느끼지 못하는 일을 하고 있는 사람도 있다. 그 역시 불행한 모습이다. 성공이란 바로 자신의 가치관에 부합되는 그 일을 매우 잘하고 있는 삶의 모습이다.

피터 드러커는 1930년대 중반 런던에서 젊은 은행가로서 자타가 공인할 정도로 훌륭한 성과를 올리고 있었다. 그렇지만 그는 한 사람의 재산 관리자로서 또한 부유한 사람으로서 기억되는 것에 아무런 의미를 느끼지 못했기 때문에 성공이 보장되고, 안정적인 현실을 과감하게 던져 버리고 자신을 이끄는 새로운 삶으로의 도전을 시작했다. 그리고 그 결정은 옳은 결정이었다고 드러커는 회고했다.

흔히 "나는 할 수 있어."라는 무조건적인 신념을 강조하지만 가능성이 없는 일에서 기적을 바랄 수는 없다. 성공적인 삶을 위해 요구되는 높은 성과는 자신의 강점, 자신의 일하는 방식 그리고 자신의 가치관을 알고 그것들을 잘 활용할 때 기대할 수 있다. 드러커는 "이 세 가지를 알면 자신이 어디에 속해야 되는지를 알게 되고, 매우 성실하고 유능하지만 한편으로 평범하기 짝이 없는 사람도 뛰어난 성과를 달성할 수 있다."고 했다. 성공한 사람 중에는 분명 비범한 사람들이 있다. 그러나 그들은 극소수에 불과하다. 우리 사회에서 성공 스토리의 대부분은 지극히 평범한 사람들의 이야기다. 그 이야기의 주인공이 되기 위해서는 이 세 가지를 잘 알아야 한다.

Check Point | 나의 가치관 찾기

당신은 이제 세상을 떠나기 바로 직전에 있다. 참 열심히 살았다. 죽음을 앞두고 만찬이 열렸다. 부인과 자녀를 포함해 그 동안 당신이 알고 지낸 사람들이 당신에 대해 칭송을 한다. 그들이 당신에 대해 어떻게 이야기하기를 바라는가? 침대에 누운 채 사람들의 얘기를 듣는 자신의 모습을 진지하게 상상하면서 골라 보라(복수 선택).

☐ 가난한 사람을 도왔고 그들에게 헌신한 사람
☐ 자신을 필요로 하는 사람과 언제나 함께 해준 사람
☐ 언제나 사람들의 말을 경청한 사람
☐ 지시를 잘 이행했으며 맡겨진 과제를 성공적으로 완수한 사람
☐ 전문 기술이나 지식에서 한 분야를 완성한 사람
☐ 이전에 아무도 하지 못했던 일을 해낸 사람
☐ 새로운 과학기술 분야를 개척해낸 사람
☐ 고장이 난 것이면 무엇이든 다 고친 사람
☐ 모든 사람이 포기한 일을 맡아 성공시킨 사람
☐ 무엇인가를 개선하고 완전하게 만든 사람
☐ 불순한 사상, 철학, 세력, 유행 등의 유혹을 끈질기게 참고 이겨낸 사람
☐ 사람들에게 커다란 영향력을 미친 사람
☐ 사회에 충격을 주고 변화를 일으킨 사람
☐ 많은 정보를 제공하고 진리를 전파한 사람
☐ 정원을 만들고 그림을 그리며 디자인을 하면서 세상을 아름답게 꾸민 사람
☐ 정의와 진리, 윤리적 행동을 몸소 보여 준 사람
☐ 지혜와 연민을 통해 사람들에게 목표를 갖도록 한 사람
☐ 무엇인가 이룰 수 있다는 미래에 대한 구상을 갖고 이를 실현한 사람
☐ 경제 상황과 시장의 변화를 이끈 사람
☐ 실력 있는 모임을 만들어 어떤 분야, 지역 사회에 큰 발전을 가져온 사람
☐ 진정한 리더로 인정 받았고 책임자로서 자리를 훌륭히 지켜낸 사람

☐ 자신이 몸담았던 분야나 사회에서 뚜렷한 지위를 차지한 사람
☐ 명성, 영예, 지위, 보수 등에서 높은 수준에 올라간 사람
☐ 무엇인가를 남들보다 많이 획득한 사람(돈, 물건 등)

표시한 것 중에서 10가지를 고른다. 순위를 매긴다. 두 개씩 짝을 지어 비교하면서 '죽음이 임박했을 때 어느 쪽 가치가 나에게 더 의미가 있는가?'를 자문한다. 이때 다른 사람의 의견은 고려 대상이 아님을 명심하라. 최종적으로 3가지를 골라보라.

....

> 한 사람의 가치관은 궁극적인 평가의 기준이고 또한 궁극적인 평가 기준이어야 한다.
>
> —피터 드러커 *Peter F. Drucker*

Chapter · 09

최고들의 자기관리법 7

원칙 : 자신의 성장에 책임을 진다

우리는 언제까지 일해야 할까

인간의 평균 수명 증가와 더불어 근로 수명이 연장되고 있습니다.
당신은 지금 하는 일을 언제 그만 둘 것입니까?
또 언제 일에서 은퇴할 계획입니까?

　　최근 셀 수 없이 쏟아지는 뉴스 중에 한 가지 범주는 평균 수명의 증가를 비롯한 인구특성의 변화에 관한 것들이다. '2008 OECD 건강데이터'에 따르면 2006년 기준 한국인의 평균수명은 79.1세로 나타나 연평균 0.5세씩 증가하는 것으로 나타났다. 이런 추세라면 90세가 되는 것도 멀지 않은 미래의 이야기다. 반면에 출생률은 점점 낮아져 급기야 OECD 국가 중에서 가장 낮은 나라가 되어 버렸다. 이러한 인구특성의 변화는 정보기술의 발달 이상으로 인간의 삶의 모습을 근본적으로 변화시키는 요인이다.

　　인간의 평균 수명 증가로 인한 큰 변화 중에 한 가지는 근로 수명의 연장이다. 평균 수명이 길지 않았던 과거에는 많은 사람들이 직장을 은퇴한 후에 흔히 여생이란 표현을 써 인생을 마무리했다. 하지만 지금은 정년을 다 채우고 은퇴를 한다 하더라도 20년 이상의 시간이 남는다. 경제적으로 준비를 잘 한 경우에도 단지 소일을 하거나 여행을 다니면서 살기에는 너무 긴 시간이다. 게다가 경제적 준비를 하지 못한 사람에게는 어려움을 넘어 고통의 시간이 될 수도 있다. 그러므로 경제적 사정이 좋던 나쁘던 계속해서 일을 해야 한다. 20세기의 가장 중요한 사건으로 '인구혁명'을 꼽고 있는 피터 드러커는 "평균수명의 증가에 따라 지식근로자의 근로수명은 그들을 고용하고 있는 조직의 수명보다 더 길어지고 있다. 이제 사람들은 75세 또는 그 이상이 될 때까지 계속 일해야만 할 것이다. 그러므로 약 50년 간의 근로생활 동안 육체적으로는 젊고, 정신적으로는 활기를 유지하는 방법을 배워야 한다. 그리고 지금 하고 있는 일을 어떻게, 그리고 언제 바꿀지를 알아야만 할 것이다."라고 했다.

"60세가 넘어서 과연 일할 수 있을까?", "일자리가 있을까?"라고 많은 사람들이 의심할 것이다. 사실 60세까지 일을 해야 한다고 생각하는 것은 육체노동자가 중심 세력이었던 산업사회의 오랜 관습이다. 지식근로자의 부가가치 원천인 지식은 나이를 먹는다고 해서 그 가치가 줄지 않는다. 그러므로 지식근로자는 나이와 상관없이 일할 수 있다. 지식근로자는 퇴직한 지 얼마 되지 않아 자신이 바라던 것은 퇴직이 아니라 장기 휴가였음을 깨닫게 될 것이다. 최근 사회적 이슈인 양극화 문제는 일에서 은퇴하는 시기에 있어서도 나타나고 있다. 정년은 고사하고 50세가 되기도 전에 조직을 떠나 하릴없이 어려움을 겪고 있는 사람도 많다. 반면에 80세가 넘은 나이에도 불구하고 왕성하게 활동하고 있는 사람들도 적지 않다. 이제 사람들은 보다 장기적 관점에서 무슨 일을 언제까지 해야 할 것인가에 대해 진지하게 고민을 해야 한다.

피터 드러커는 청소년 시절에 베르디가 80세가 넘어 작곡한 열정이 넘치고 활기찬 오페라를 관람하고 나서, 자신도 나이를 더 먹게 되더라도 포기하지 않고 계속 정진하리라고 다짐을 했다고 한다. 실제로 그는 95세의 생애를 마치기 전까지 쉬지 않고 정진했으며, 생전에 "내 인생의 전성기는 60세에서 90세까지였다."고 말했다. 나도 피터 드러커처럼 90세가 넘어서도 사회에 필요한 역할을 해야겠다는 다짐을 한다. 아직도 많은 시간이 남아 있다는 사실에 스스로 놀라며 자기관리의 새로운 각오를 다진다.

Check Point | 은퇴계획

• 당신은 언제까지 일할 계획입니까?

☐ 할 수만 있다면 정년 퇴직 전에 일에서 은퇴하고 싶다.
☐ 정년 퇴직과 함께 일에서 은퇴할 것이다.
☐ 할 수 있을 때까지 일을 계속할 것이다.

• 무슨 일을 언제까지 할 것인지에 대한 계획을 세워보세요.

> 지식근로자들은 어떤 고용기관보다도 점점 오래 살 것이고, 따라서 한 가지 이상의 여러 직업을 가질 준비를 해야만 한다. 단 하나의 과업과 경력만으로는 안 되고 그 이상을 준비해야만 한다.
>
> —피터 드러커 Peter F. Drucker

인생의 후반부 전략을 세워라

한 개인의 인생에서 중요한 때가 따로 있을 수 없습니다.
바로 지금이 중요한 때입니다.
당신의 인생 후반전 전략은 무엇입니까?

우리나라 사람들의 평균 수명이 80세를 넘어서고 있다. 그리고 추세에서도 매우 빠른 증가세를 보이고 있다. 바야흐로 100세를 향해 질주하고 있는 모습니다. 이제 '인생은 축구 경기다.'라는 표현에 무리가 없다. 왜냐하면 인생도 전, 후반 90분 경기인 축구처럼 90세까지는 사는 세상이 되었기 때문이다. 그렇게 인생을 축구 경기와 비교해 보자.

우선 경기 시간이 얼마나 경과 했는지를 생각해 보자. 예를 들어 40세가 된 사람은 전반전 40분이 경과하는 시점이 된다. 전반전의 남은 시간은 5분이다. 두 번째로 지금까지의 경기 성적을 결정하자. 지금까지의 인생에서 골을 넣었다고 할 수 있을 만큼 잘한 일과 꼴을 먹었다고 할 수 있는 실패한 일은 무엇인지를 생각해서 스코어를 정한다. 실제 축구 경기에서 골이 많이 터지지 않듯이, 사소한 사건보다는 인생 전체에 영향을 준 사건을 중심으로 스코어를 정해야 한다. 다음은 지금까지의 경기 평가이다. 해설자 입장에서 현재 스코어가 만들어진 과정과 내용을 분석하는 것이다. 끝으로 생각해야 할 일은 남은 시간의 전략을 세우는 것이다. 이번엔 감독의 입장이 되어 남아 있는 전반전 전략과 후반전 전략을 세운다. 이렇게 하면 인생을 전체적인 흐름으로 놓고 볼 수 있어 올바른 방향성을 가지고 전개해 갈 수 있다.

이 과정에서 한 가지 버려야 할 것은 60세에 은퇴한다는 생각이다. 그것은 우리에게 오랫동안 영향을 주어왔던 산업사회의 패러다임이다. 육체노동자 중심의 산업에서 육체적 노동의 원천인 힘이 소진하게 되면, 더 이상 일할 수 없었다. 그러나 지식 자원은 60세쯤 되었을 때 더욱 생산적이 될 수 있다. 피터 드러커는 "지식사회에서는 75세 또는 그 이상 일을 해야 하므로 정신적으로나 육체적으로 에너지를 유지해야 한다."고 말했다. 그는 또한 언제 자신의 일을 바꾸어야 할지를 알아야 한다고 말하면서 인생의 후반전을 준비하는 3가지 원칙을 제시하였다.

첫째, 제2의 다른 실질적 경력을 시작하는 것이다. 지금의 일터에서의 생활을 접고, 다른 일터에서 또는 다른 일을 도전적으로 시작하는 것이다. 인생의 후반부를 준비하는 두 번째 방법은 병행경력을 개발하는 것이다. 즉, 지금의 일터에서 일의 양을 줄이면서 또 다른 곳에서 일을 하는 것이다. 세 번째 방법은 사회사업가가 되는 것이다. 자신의 직업에서 크게 성공한 사람들이 사회에 봉사하는 일을 하는 것이다. 피터 드러커는 인생의 후반부를 관리하는데 있어서 중요한 전제는 "인생의 후반부로 접어들기 훨씬 전에 그 준비를 시작해야만 한다."고 했다. 만약 어떤 사람이 40세가 되기 이전부터 자원봉사자로서의 경험을 쌓기 시작하지 않는다면, 그는 60세 이후에도 자원 봉사 활동을 하기 어렵다는 것이다.

사회적 관점에서 보면 그 사회의 부와 가치를 창출하는 중심 계층이 있다. 일반적으로 30, 40대가 그 사회의 중심 계층으로 가장 많은 일을 하며 사회가 요구하는 성과를 만들어내고 있다. 그러나 개인적 관점에서 보면 중요한 때가 따로 없다. 어린 시절 학교를 다닐 때는 그 때가 중요했고, 봄날 같이 젊은 시절에는 그 때가 중요했고, 노인이 되면 또 그 때가 중요한 것이다. 그러므로 인생의 후반부를 준비하는데 있어서 내일을 위해 오늘을 희생하는 전략보다는 오늘을 위한 행동과 내일을 위한 준비를 같이 것이 좋은 전략이 될 것이다.

Check Point | 인생은 축구 경기다

지금은 전반, 후반 _____ 분입니다.

현재 스코어는 _____ : _____ 입니다. (지금까지의 경기 평가)

남은 시간의 전략은

_____

_____

_____ 입니다.

> 인생의 후반부를 관리하는 데에는 전제 조건이 하나 있다. 그것은 인생의 후반부로 접어들기 훨씬 전에 그 준비를 시작해야만 한다는 것이다.
>
> —피터 드러커 Peter F. Drucker

어떤 사람으로 기억되길 바라는가

당신은 '일에서 은퇴한 뒤에 또는 사후에
어떤 사람으로 기억되길 바라는가?' 에 대한
답을 가지고 있습니까?

성공적이고 행복한 삶을 살기 위해 자기 스스로에게 던져야 할 질문이 많지만 그 중에 가장 큰 질문은 "내가 어떤 사람으로 기억되기를 바라는가?" 이다. 이 질문은 죽은 후를 위한 이야기가 아니다. 오히려 지금 "내가 왜 살고 있고, 어떻게 살 것인가?" 에 대한 생각을 하게 하기 때문에 오늘을 위한 질문이 된다. 언젠가 TV 토크쇼 프로그램에 배우 윤문식 씨가 나와 이야기를 하는 중에 "나는 죽은 후에 놀이마당에서 한바탕 잘 놀다간 사람으로 기억되길 바란다."고 했다. 이 말은 자신의 일에 열정과 사명을 가지고 지금 최선을 다하고 있음을 보여준다.

피터 드러커가 열세 살이 되던 해에 어느 선생님께서 학생들한 사람 한 사람에게 "너희들은 죽은 뒤, 어떤 사람으로 기억되기를 바라느냐?"라는 질문을 했고, 이에 아무도 대답하지 못하자, 선생님은 껄껄 웃으면서 "나는 너희들이 질문에 대답할 수 있을 것으로 기대하지 않았다. 그러나 50세가 될 때까지도 여전히 이 질문에 대답을 할 수 없다면, 그 사람은 인생을 잘못 살았다고 봐야 할거야."라고 했다. 이 질문은 그 학생들의 인생을 바꾸어 놓기에 충분히 중요한 질문이었고, 실제로 그들의 삶에 큰 영향을 미쳤다고 드러커는 말했다. 피터 드러커 스스로도 그 질문을 평생 해왔고, 그 선생님을 만난 것을 행운이었다고 말했다.

"나는 어떤 사람으로 기억되기를 바라는가"라는 질문은 늘 자신을 되돌아보게 함으로써 올바른 목적을 달성하는 효과적인 삶을 사는 힘으로 작용하게 된다. 이 질문은 일을 하고 있는 지식근로자에게도 매우 중요하고 효과적인 질문이 된다. 자신이 다니고 있는 직장을 퇴직할 때 또는 자신이 하고 있는 일에서 은퇴할 때, "나는 어떤 사람으로 기억되기를 바라는가?"를 질문한다면 자신이 지금 무엇을 해야 할지가 분명해진다.

누군가 피터 드러커에게 물었다. "박사님은 어떤 사람으로 기억되길 바라십니까?" 이 질문에 드러커는 "몇몇 사람의 목표

달성에 기여한 사람으로 기억되길 바랍니다."고 답했다. 그의 그러한 분명한 목적과 사명이 그의 삶의 무게를 만들어 주었을 것이다. 물론 그는 몇몇 사람의 목표 달성이 아니라, 인류에 공헌하는 큰 업적을 남겼다. 나도 같은 질문에 "피터 드러커의 자기관리 원칙을 많은 사람들에게 효과적으로 전달한 사람으로 기억되길 바란다."라는 답을 준비했다. 나 자신에게 이 질문을 던질 때마다 "정말 그렇게 될 것인가?"를 생각하면서 몸과 마음을 가다듬게 된다.

다음 쪽에 있는 양식에 내용을 써보자. 물론 이 질문에 대한 답은 시간이 지나면서 변할 수 있다. 중요한 것은 항상 이 질문에 대한 답을 준비해야 한다. 자신이 어떤 일을 시작하기 전에 항상 짚고 넘어가야 할 중요한 과정이다. 물론 이 질문에 대한 답을 구하는 것은 쉽지 않지만 체계적인 노력이 필요하다. 그것이 없는 것은 운전대를 잡고 있지만 어디로 가는지조차 모르는 모양새가 된다. 많은 사람들이 꿈을 이루기 위해 노력하고 있다. 그런데 왜 꿈을 이루어야 하는가에 대한 답은 없다. 이 질문은 왜 꿈을 이루어야 하는지에 대한 답이기도 하다.

시대가 너무 복잡해 졌다. 그러기에 더 뚜렷한 삶의 목적이 필요한 때이다.

Check Point | 어떤 사람으로 기억되길 바라는가

나는 _____

_____ 사람으로 기억되길 바랍니다.

　　　　　　　　　　　　　　　년　월　일

> 이 질문은 우리 각자를 스스로 거듭나는 사람이 되도록 이끌어 준다. 이 질문은 우리로 하여금 자기 자신을 다른 시각에서 바라보도록, 즉 자신이 앞으로 될 수 있는 사람으로 보도록 압력을 가하기 때문이다.
>
> ―피터 드러커 Peter F. Drucker

맺음말
피터 드러커의 자기계발

누군가 피터 드러커에게 "한가한 때는 무엇을 하고 지내십니까?"라고 물었다. 그러자 그는 "한가한 때란 도대체 어떤 것을 말하는가?"하고 반문했다. 드러커의 예상치 못한 답변에 질문자가 당황하자, 드러커는 웃으며, "농담이네, 한가한 때란 존재하지 않는다네. 내 경우, 일을 하지 않으면 많은 책을 읽지. 확실한 계획을 세워서 집중적으로 말이야."라고 했다. 피터 드러커는 1909년 11월 17일에 태어나 2005년 11월 11일, 97번째 생일을 앞두고 세상을 떠났다. 거의 한 세기의 삶을 살았으니 오래 산 사람이다. 그러나 그의 삶이 길어 보이는 이유는 단지 오래 살았기 때문만은 아니다. 그것은 철저한 자기관리를 바탕으로 평생을 쉬지 않고 자신을 성장시켜 왔기 때문이다. 그리고 그는 자신의 분야를 막론한 관심사와 학문 분야에 대한 해박한 지식의 원천으로 폭넓은 독서를 꼽았다. 드러커는 광범위한 독서 습관과 다른 사람들과 적극적으로 의견을 교환하는 습관을 가지고 있었으며, 이러한 습관들이 변화가 가득했던 20세기의 상황을 올바르게 판단하는 힘의 원천이었을 것이다.

드러커의 자기계발 수단 중에 하나는 글쓰기였다. 젊은 시절부터 잡지사에 기고를 시작했으며, 자신의 생각을 체계적으로 정리하는 방법으로 활용했다. 드러커의 또 한 가지 자기계발 수단은 가르치기였다. 그는 어느 수업에서 학생들에게 "가장 효과적으로 배우는 방법은 가르치는 것이며, 내가 무슨 생각을 하는지 알기 위해 가르친다."고 설명한 적이 있다. 그는 "지식근로자는 자기 자신이 스스로 가르칠 때 가장 잘 배울 수 있다."라고 말하고, "정보시대에는 모든 기업이 배우는 기관(learning institution)이 되어야 한다. 그러나 모든 기업은 또한 가르치는 기관(teaching institution)이 되어야만 한다."고 강조하였다.

또 누군가 드러커에게 물었다. "그간의 저작물 가운데 어떤 책을 최고로 꼽습니까?" 드러커는 답했다. "바로 다음에 나올 책입니다." 그는 신이 보고 있다는 마음으로 최고를 향해 끝없이 도전하는 삶을 우리에게 보여 주었다. 그는 언젠가 "내 인생의 전성기는 60세에서 90세까지였습니다."라고 말했다. 이 말은 그저 노년의 삶을 격려하기 위한 말이 아니었다. 드러커는 평생 동안 약 40권의 책을 저술 했는데, 그 중 27권의 책은 62세 이후에 쓴 책이다. 그는 실제로 60세 이후에도 많은 성과를 만들어 냈으며, 90세가 넘은 후에도 대학교수로서, 컨설턴트로서, 저술가로서 왕성한 활동을 지속했다.

현대 경영의 아버지로 평가 받은 피터 드러커는 "개인의 자기계발은 그 스스로가 책임을 져야 할 문제이다. 어디에서 일을 할지 결정하는 책임도 스스로 감당하지 않으면 안 된다. 앞으로 이러한 책임을 감당하지 못하는 지식근로자는 긴 근로수명 동안 목표를 달성하는 사람, 생산적인 사람, 성장 능력을 갖춘 사람이 될 수 없을 것이다."는 말을 남기고 우리의 곁을 떠났다.

드러커의 생애

1909 ● 오스트리아 빈에서 출생(11월 19일)

1919 ● 빈김나지움 입학

1927 ● 빈김나지움 졸업. 독일 함부르크대학 법학부 입학. 학업 중 수출상사 견습생으로 근무

1929 ● 프랑크푸르트대학 법학부 전학.
〈프랑크푸르트게네라르안차이거〉기자

1931 ● 프랑크푸르트대학 법학박사

1933 ● 런던의 보험회사 및 은행에 근무.

1937 ● 도리스 슈미트와 결혼. 영국 신문사 컨소시엄의 미국 특파원, 영국과 유럽의 은행 및 투자신탁회사의 고문자격으로 미국에 이주

1939 ● 뉴욕주 사라로렌스대학에서 경제학 및 통계학 강의

1942 ● 버몬트주 베닝턴대학 철학 및 정치학 교수역임
~49

1943 ● GM에 대한 컨설팅. 미국 국적 취득

1947 ● 마셜플랜의 고문 자격으로 유럽 여행 및 유럽 부흥 계획 수립 참여

1950 ● 뉴욕대학교 경영학부 교수. 〈하버드비지니스리뷰〉 첫 기고
~71 (1998년까지 34편 개제, 맥킨지상 6회 수상)

1954 ● 미국 정부의 요청으로 한국의 교육부흥계획 수립을 위해 한국 방문

1959 ● 일본 최초 방문(이후 1993년까지 1~2년마다 방일).
일본 기업 방문

1962 ● 아메리카매니지먼트 소사이어티로부터 웰리스 클라크상 수상

1966 ● 일본 정부로부터 훈장 서훈

1967 ● 아메리카 매니지먼트 소사이어티로부터 테일러키 수상.

1977 ● 두 번째로 한국방문. 세계 중소 기업 대회에서 주제 발표

1979 ● 뉴욕과 시애틀에서 일본화 컬렉션 전시. 포모나 대학에서

	동양 미술 강의(~1985년)
1986	일본에서 드러커 컬렉션 전시
1987	클레어몬트 경영대학원의 명칭을 피터 드러커 경영대학원으로 개명
1990	드러커 비영리 재단 설립 및 명예이사장
1994	하버드 대학교 석좌 강사
1999	최근 단행본으로《21세기지식경영》발간. 오스트리아 정부는 아흔 살을 맞은 드러커를 기념해 드러커를 소개하는 홈페이지 개설
2005 11.11	피터 드러커 타계

> 사람은, 특히 지식근로자는 자신이 스스로 설정한 기준에 따라 성장합니다. 사람은 스스로가 성취하고 획득할 수 있다고 생각하는 바에 따라 성장합니다. 만약 자신이 되고자 하는 기준을 낮게 잡으면, 그 사람은 더 이상 성장하지 못합니다. 만약 자신이 되고자 하는 목표를 높게 잡으면, 그 사람은 위대한 존재로 성장할 것입니다.
>
> —피터 드러커 Peter F. Drucker

" 목표달성능력(Effectiveness)는 반드시 배워야 한다."

_ 피터 드러커

- **교육 과정명** 하이퍼포머의 자기경영 리더십
- **교육 대상** 생산성 있게 일하고 높은 성과를 올려야 하는 21C근로자
- **교육 문의** 열린교육공학센터

  Tel. 070-8628-5277 E-mail. oetc21@korea.com

  ※본 책의 내용은 교육 프로그램으로 개발되었습니다.

한언의 사명선언문

Since 3rd day of January, 1998

Our Mission
- 우리는 새로운 지식을 창출, 전파하여 전 인류가 이를 공유케 함으로써 인류문화의 발전과 행복에 이바지한다.
- 우리는 끊임없이 학습하는 조직으로서 자신과 조직의 발전을 위해 쉼없이 노력하며, 궁극적으로는 세계적 컨텐츠 그룹을 지향한다.
- 우리는 정신적, 물질적으로 최고 수준의 복지를 실현하기 위해 노력하며, 명실공히 초일류 사원들의 집합체로서 부끄럼없이 행동한다.

Our Vision   한언은 컨텐츠 기업의 선도적 성공모델이 된다.

> 저희 한언인들은 위와 같은 사명을 항상 가슴 속에 간직하고
> 좋은 책을 만들기 위해 최선을 다하고 있습니다.
> 독자 여러분의 아낌없는 충고와 격려를 부탁드립니다.
> • 한언 가족 •

HanEon's Mission statement

Our Mission
- We create and broadcast new knowledge for the advancement and happiness of the whole human race.
- We do our best to improve ourselves and the organization, with the ultimate goal of striving to be the best content group in the world.
- We try to realize the highest quality of welfare system in both mental and physical ways and we behave in a manner that reflects our mission as proud members of HanEon Community.

Our Vision   HanEon will be the leading Success Model of the content group.